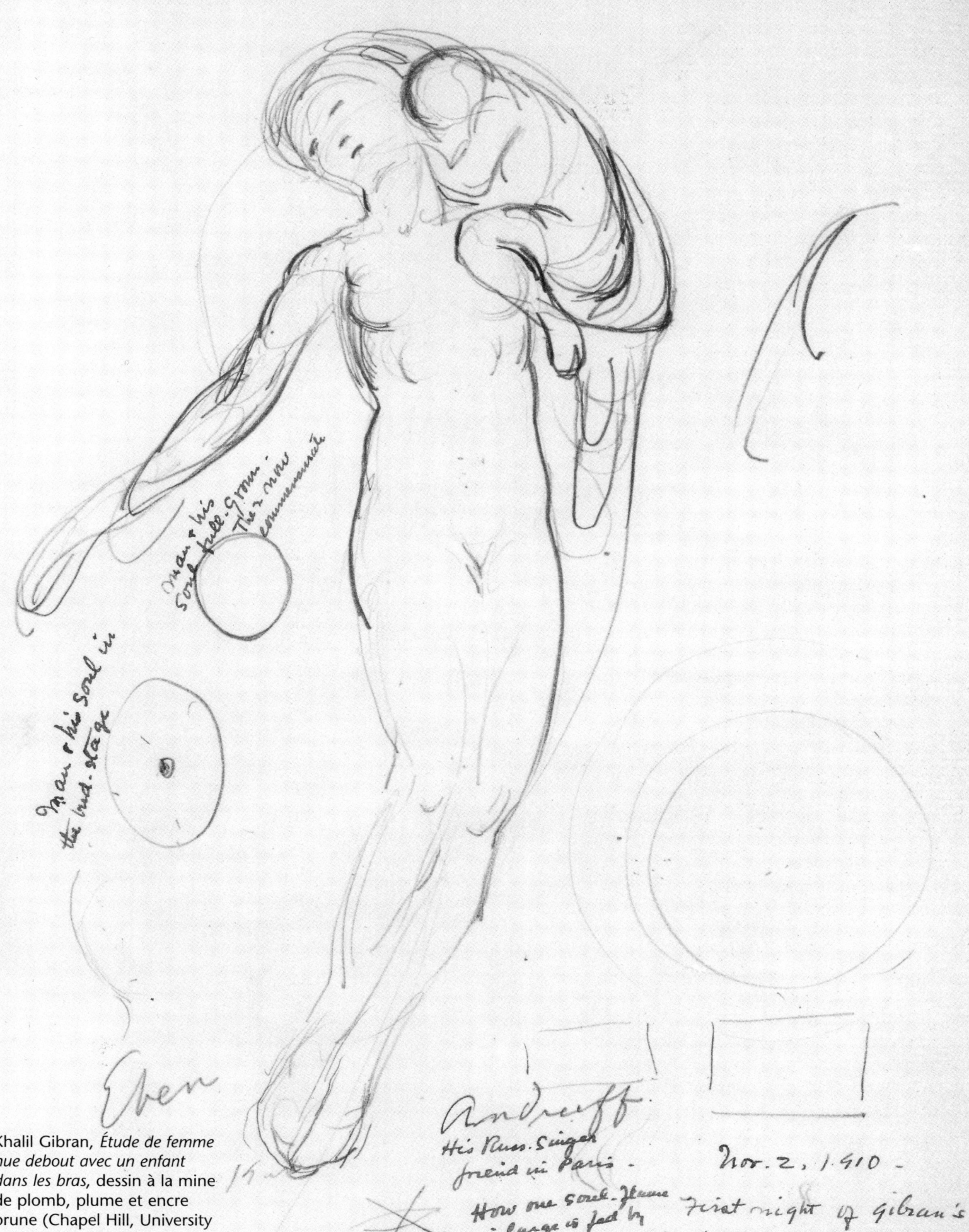

Khalil Gibran, *Étude de femme nue debout avec un enfant dans les bras*, dessin à la mine de plomb, plume et encre brune (Chapel Hill, University of North Carolina).

Khalil Gibran, *Étude de personnification marine au buste de femme*, dessin à la mine de plomb (Chapel Hill, University of North Carolina).

Khalil Gibran, *Étude de femme courant les bras écartés, et personnages sur le fond*, dessin à la mine de plomb, plume et encre brune (Chapel Hill, University of North Carolina).

La présente traduction du *Prophète* est due à **Salah Stétié**, l'un des plus grands poètes francophones d'aujourd'hui et lui-même, comme Khalil Gibran, d'origine libanaise.

Stétié a entièrement revu pour l'occasion une de ses précédentes traductions parue en 1992 aux éditions Naufal-Europe. Il a également rédigé une nouvelle présentation de l'œuvre et repris, en la précisant, la chronologie gibranienne.

"Aimant à se définir lui-même comme « l'homme du double pays », Salah Stétié, écrit Pierre Brunel, est moins l'homme des deux rives, comme l'Orphée de Rilke, qu'un poète de la vie. Cette vie reste inséparable pour lui du monde méditérranéen, pour lequel il milite, et d'une chaleur humaine qui est une garantie de plénitude."

■

Les recherches iconographiques ainsi que les légendes des documents, photographies, peintures et fac-similés reproduits dans cet ouvrage sont de **Claudia Salvi**.

Maquette : Marie Vanesse.

■

L'éditeur remercie les éditions Naufal-Europe qui ont publié la première traduction du *Prophète* de Salah Stétié et dont elle conserve le copyright.

■

Couverture : Khalil Gibran, *L'Être-triade descend vers la mer-mère* (illustration extraite de l'édition originale du *Prophète*, 1923).

Ci-contre : Khalil Gibran, *Étude de femme de profil, le bras tendu tenant une sphère avec deux figures féminines agenouillées*, dessin à la mine de plomb (Chapel Hill, University of North Carolina).

Copyright © 1998, **La Renaissance du Livre**
52, chaussée de Roubaix, 7500 Tournai (Belgique).
ISBN 2-8046-0236-2

Droits de traduction et de reproduction réservés pour tous pays. Toute reproduction, même partielle, de cet ouvrage est interdite. Une copie ou reproduction, par quelque procédé que ce soit, photographie, microfilm, bande magnétique, disque ou autre, constitue une contrefaçon passible des peines prévues par la loi du 11 mars 1957 sur la protection des droits d'auteur.

Collection **Voyages intérieurs**

# Khalil Gibran

# *Le Prophète*

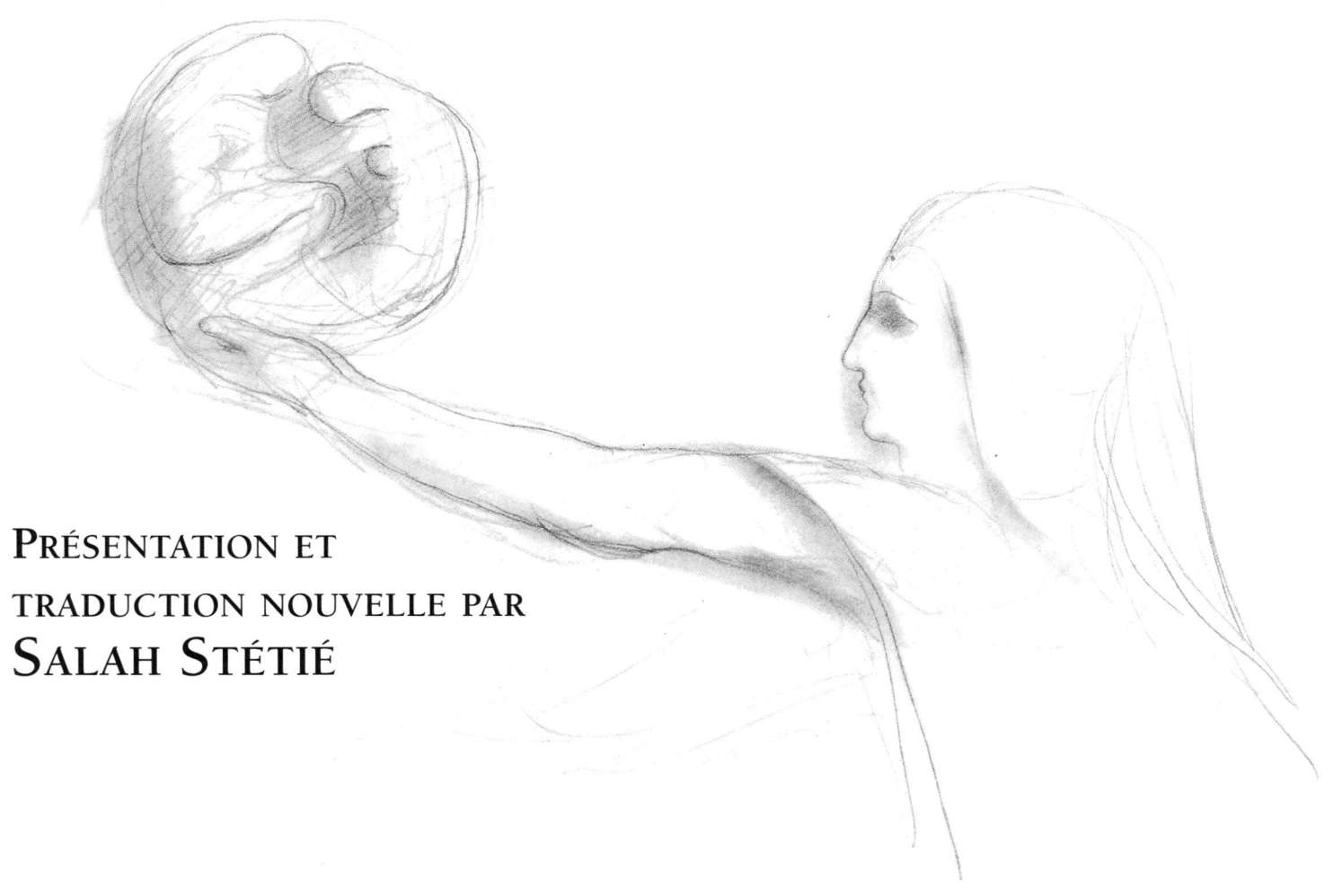

Présentation et
traduction nouvelle par
Salah Stétié

LA RENAISSANCE DU LIVRE

Khalil Gibran, *Étude de figure embrassant un globe*, dessin à la mine de plomb (Chapel Hill, University of North Carolina).

- Le mystère Gibran .................... 9

- *Le Prophète* ........................ 45

- Khalil Gibran, une vie ............... 121


Orientations bibliographiques ............ 140

# *Le mystère Gibran*

Que le secret de toute poésie soit dans l'enfance, ceci on le sait depuis longtemps. Mais il arrive que cette règle générale soit plus vérifiable chez certains que chez d'autres : on ne comprendrait sans doute pas en profondeur l'intuition créatrice de l'auteur du *Prophète*, le célèbre texte qu'on va lire, si on oubliait ou négligeait le fait que Gibran est né au Liban, dans cet Orient des grands mythes et des principaux formulateurs du divin de qui nous sommes tous, plus ou moins, les enfants spirituels et les légataires obligés. Terre de prophétie, le Liban est cité comme une terre dont procède, sous la forme d'une femme rayonnante entre toutes, la tension provoquée par l'amour et par l'intensité du désir : c'est du Liban, en effet, que vient au Roi, qui l'attend et qui la chante, la Fiancée du *Cantique des cantiques*, comparée – pour sa beauté précisément – à un cèdre du Liban. Or, c'est à proximité immédiate de ces mêmes cèdres, dès les temps antiques magnifiés, que naît en 1883 à Bécharré, au nord du pays, Gibran Khalil Gibran qui va à sa façon, et par un livre de moins d'une centaine de pages, renouveler – écrivant en anglais ! – le sentiment poétique dans la totalité du monde arabe et, le ramenant à ses sources premières, l'enseignement lumineux d'un Maître en qui se rencontrent étrangement – mystérieusement –, pour se répondre, s'amplifier ou s'atténuer l'un l'autre, les fondateurs admirablement inspirés des grands credo issus d'Abraham. Mais c'est avant même Abraham que débute la sacralité de cette montagne habillée d'arbres légendés d'immémorial et de la vallée en elle creusée, la Kadisha, la "Sainte", ainsi qu'elle est nommée jusqu'à nos jours, à partir du syriaque et de l'araméen. Gibran lui-même naît donc à Bécharré, contraction de Beth Ishtâr, "la Maison d'Astarté". Ishtâr, la Grande Déesse, la Déesse-Mère, celle qui redonnera vie à son époux blessé par le sanglier, dont le nom est Adonis au Liban, et Tammoùz

*Les Cèdres du Liban*, par Freeman d'après Lehoux, lithographie
(Paris, Bibliothèque nationale de France).

en Mésopotamie. Et que plus tard cette vallée soit le refuge élu des maronites, les disciples de saint Maron, chrétiens uniates que Byzance persécute, ne fait qu'ajouter au dépôt sacral du lieu. Tout ici est vie puissante et primitive, tout ici est signe et symbole. Laissons Lamartine nous décrire, dans *Le Voyage en Orient*, cet endroit béni des dieux et de Dieu : "J'arrive, écrit le poète des *Lamentations* (qui fit son tour de manège au Liban comme beaucoup d'autres au XIX$^e$ siècle par vœu romantique), sur le bord de la vallée des Saints, gorge profonde où l'œil plonge du haut des rochers, vallée encaissée, sombre et solennelle. Au sommet de cette vallée, une superbe nappe d'eau cristalline tombe de cent pieds de haut sur deux ou trois toises de large. Toute la vallée résonne de cette chute et des bords du torrent qu'elle alimente ; de toutes parts le rocher des flancs de la montagne ruisselle d'écume... On descend dans le village de Bécharré par des sentiers taillés dans le roc et tellement rapides qu'on ne peut concevoir que des hommes s'y hasardent... À environ un quart d'heure sur la gauche, dans une espèce de vallon semi-circulaire formé par les dernières croupes du Mont-

*Palestine,* d'après *Les Souvenirs d'Orient,* **par Bonfils, photographie, vers 1875 (Paris, Bibliothèque nationale de France).**

Liban, nous voyons une large tache noire sur la neige : ce sont les groupes fameux des cèdres ; ils couronnent, comme un diadème, le front de la montagne." C'est donc sous l'effet de ces grands paysages, et des puissantes émotions qui s'y attachent, que va naître et croître la sensibilité du petit Gibran, enfant précoce, enfant doué pour pressentir, derrière l'écorce de l'être, le monde des forces : "Si je dessine une montagne comme un entassement de formes humaines – écrira-t-il plus tard – ou si je peins une cascade sous forme de corps nus en chute, c'est parce que je vois dans une montagne un amas de choses vivantes et dans une cascade un courant de vie qui se précipite." Ainsi Gibran est-il spontanément cosmique, tellurique, allégorique et d'imagination intuitivement symboliste. Symboliste ? Oui et non : car tel est son sens du réel que jamais chez lui l'allégorie ou le symbole ne quitte le plan de l'évidence spirituelle immédiate en symbiose avec ses possibles projections dans la réalité vécue, que cette réalité fût de l'ordre éthique ou de la pratique journalière. C'est peut-être là, parmi bien d'autres, l'une des énigmes rayonnantes du *Prophète* : un savoir-parler poétique qui se trouve être également, et dans le même mouvement, un savoir-vivre ou, ce qui est bien mieux, un savoir vivre. Et, parce que Gibran a derrière lui cette longue terre sacrée qui, partie de la Mésopotamie d'Astarté, vient se casser en hautes falaises au bord de la Méditerranée, parce qu'il a aussi dans son héritage, en ligne transversale de celle que je viens de dessiner, la Palestine du Christ et tous les déserts d'Arabie obsédés par Muhammed, Mahomet, Al-Mustafa, "l'Élu", "le Choisi", il a à sa disposition le clavier d'un orgue majeur où, de main de maître, il jouera bientôt la cantate limpide et rayonnante et tendre et grise de son message "prophétique" en qui se mêlent les traditions et les songes, l'écho des voix passées et les injonctions de l'avenir. Il pourra, par les chemins de la culture, rencontrer plus tard l'enseignement pacifié de Bouddha, celui, également serein, peu ou prou théosophique de Maeterlinck – dont il aimera toute sa vie, passionnément, *Le Trésor des humbles* –, celui, plus décisif et plus conquérant de Nietzsche et, notamment, de ce grand livre qu'est *Ainsi parlait Zarathoustra* dont *Le Prophète* saura écouter la voix altière, celui – peut-être connu grâce à Rodin que notre poète fréquentera un peu – de William Blake en ses *Chants d'innocence et d'expérience* et en ses divers *Livres prophétiques*, il n'en demeure pas moins que Gibran est déjà Gibran au temps de l'enfance et c'est en lui-même, au plus intime de son expérience personnelle, qu'il puisera les figures et les modes de sa rêverie. L'homme d'Orient qu'il est ne croit pas à la mort : c'est sa manière à lui de dire, au-delà de l'accord profond et comme éternel du fils d'Adam avec la pérennité de la nature, oui, c'est sa manière à lui – ce sentiment panique de l'existence, ce panthéisme présent à chaque page du *Prophète* – de dire que l'éternité est d'ici et de maintenant, et que l'ici et le maintenant sont l'un des modes évidents du toujours. Il dira une fois à Mary Haskell qui le rapporte dans son *Journal* : "Le corps disparaît et devient arbre. Tous les peuples primitifs ont adoré l'arbre. Ni l'homme primitif ni le surhomme ne peuvent croire à la mort." Le mythe de l'Éternel Retour, rencontré en chemin, viendra conforter en lui cette indéracinable croyance : "Rien qu'un petit laps de temps, après un instant de repos au-dessus du vent, et une autre femme m'enfantera" – telle est la dernière phrase du livre qu'on va lire et qui joint en une seule les diverses intuitions qui font de l'Éternité cette mère infiniment consolatrice. Comme Gibran est un esprit répétitif, à la façon de tous les grands obsessionnels, il énoncera ce même credo ainsi que grain disséminé dans l'ensemble de l'œuvre. Dans *Larme et sourire*, par exemple, recueil de pensées éparses, on peut lire : "Je vis depuis l'alpha de la Création et je vivrai jusqu'à l'oméga de l'Éternité. Et mon existence jamais ne s'étiolera."

## *Qui est-il ?*

Je n'ai nullement l'intention en ces quelques pages d'ébaucher la biographie, au demeurant assez compliquée, de Gibran – biographie qui s'étend sur trois continents et sur bien des territoires du rêve. Des ouvrages spécialisés – en arabe, en français, en anglais – nous rapportent, dans le détail, tout ce que l'on sait de la vie de notre quasi-contemporain, mort il y a de cela soixante-sept ans et qui, déjà de son vivant, était l'objet d'une sorte de culte qui a fait que tous ceux qui l'ont approché ou côtoyé, hommes et femmes, femmes surtout, ont eu à cœur de noter ses gestes et ses dits. Il reste que certains des aspects de cette vie, somme toute assez brève – quarante-huit ans – méritent d'être pris en considération dans la mesure où ils éclairent l'œuvre. Résumons en quelques points ces-dits aspects : Gibran est un homme d'ascendance complexe ; c'est – par la culture et par la centration géographique – un homme d'exil (cet exil fût-il assumé et même souhaité) ; c'est un être assez rayonnant pour que bien des femmes se soient prises

***Portrait présumé de Khalil Gibran,*** **par Fred Holland Day, photographie (Londres, The Royal Photographic Society).**

*L'Entrée du Saint-Sépulcre de Jérusalem*, par Redaway d'après Allom, eau-forte (Paris, Bibliothèque nationale de France).

à sa lumière comme se brûle un papillon à la flamme d'une bougie dans la mystique soufi ; la sexualité gibranienne pose un point d'interrogation à jamais sans doute irrésolu ; c'est un contemplatif, un spiritualiste, et, dans le domaine de l'action, sans doute préfère-t-il la colère éruptive de l'ange au fourvoiement direct dans la politique de qui les mains inévitablement sont sales, et le restent ; c'est un poète, rien qu'un poète, qui croit profondément à la mission civilisatrice de la poésie et qui – contrairement à d'autres qui s'engagent dans un parti – se tient au-dessus de la mêlée pour trouver en lui-même, et au sein de sa propre tradition redevenue grâce à lui créatrice, le langage de l'universel. Universel un peu trop vite acquis, vérité un peu trop vite atteinte, langue de poésie un peu trop vite satisfaite de ses involutions originelles et des leçons apprises dans la verbalité biblique, la limpidité évangélique, l'injonction et l'interjection coraniques, la sérénité bouddhiste liée à l'idéalité du non-agir : oui, peut-être. La question se pose et mérite de l'être. Certains, d'ailleurs, l'ont posée et ils n'hésitent pas à exprimer une forme de réserve : ils voudraient plus d'originalité, plus de personnalité dans l'élaboration de la formule et de l'image ; ils vont jusqu'à trouver la philosophie de ce maître à penser un peu courte, un peu trop sage l'enseignement d'un prophète qui écrit après que Blake, Nietzsche et Gide, pour ne citer que ces trois-là, ont dénoncé toutes les hypocrisies de la société et de la langue et porté des coups majeurs aux rigidités éthiques que l'on sait, aux dignités d'établissement spirituel qui ont régi les millénaires judéo-chrétiens, et ce, alors même que, dès les années 1920, le langage de la poésie, libéré du joug symboliste devenu opprimant, s'inventait avec l'irruption du surréalisme la plus libre des libertés aux côtés de la plus libérée des morales. Oui, cela, cette observation durement critique, a été formulée et sera dite et redite. Il n'empêche que le succès jamais démenti du *Prophète* depuis sa première publication en 1923, le fait aussi que ce livre régulièrement traduit, retraduit et réimprimé dans une trentaine d'idiomes de la planète, continue d'obséder bien des consciences avides de direction mentale et d'illumination intérieure, oui, dis-je, il n'empêche que tout cela, ce succès, cette multiplication de lecteurs, cette dévotion font de l'ouvrage du poète libanais l'un de ceux qui, mystérieusement – toujours ce mot de "mystère" qui revient – alimentent une véritable église parallèle, et de Gibran, probablement pour le temps que durera encore le goût de lire, l'un des "diseurs de mots" les plus nourriciers et les plus substantiels au regard du plus grand nombre. Définition du poète d'après Pierre Jean Jouve : c'est, justement, "un diseur de mots". Définition du poète d'après Gibran : c'est celui "qui dit en paroles" ce que les gens "connaissent en esprit", autrement dit rien qu'un remémorateur, au nom de tous, de ce que tous avaient oublié ou égaré en cours de route. C'est le rappel de l'archétypal que l'œuvre de poésie : Gibran, on le sait, a lu Jung qu'il a connu personnellement et dont il a dévoré l'œuvre avec passion. Et donc se pose la question : de quel droit la poésie ne serait-elle pas, à quelque niveau de ses possibilités, l'ambition de rejoindre, baignés de la même nappe phréatique, l'immense foule des désirants, des postulants, des *amateurs* au sens fort d'un terme en qui se lit en filigrane le mot amour ? Écoutons le Prophète s'adresser à son public naturel :

*Vous m'avez donné ma soif de vie la plus profonde.*

*Certes, il n'est d'offrande plus précieuse à l'homme que celle qui fait de tous ses désirs lèvres altérées et de toute vie une fontaine*

*En ceci résident mon bonheur et ma récompense,*

*Que chaque fois que je viens me désaltérer à la fontaine, j'y trouve l'eau vive elle-même altérée,*

*Et de moi elle s'abreuve tandis que je la bois.*

Origines complexes, ai-je dit, que celles de Gibran. Il a beau être d'une famille économiquement peu favorisée, sa mère a beau être obligée de travailler et bientôt de s'exiler dans l'Eldorado américain – abandonnant sur place un mari joliment phraseur et "grande gueule", déshonoré et criblé de dettes, galant de village et ivrogne invétéré – et, une fois à Boston, a beau être contrainte de faire de tous petits métiers (brodeuse et ravaudeuse) en attendant d'ouvrir une échoppe, notre poète n'en a pas moins une lointaine ascendance émiriale – autrement dit princière, mais de ces princes administratifs que le colonisateur turc du Liban imposait localement pour des raisons le plus souvent liées à ses intérêts propres dont, principalement, la levée, souvent arbitraire, de mille impôts. Je reviendrai tout à l'heure, rapidement, sur la mère et le père de Gibran : mère intéressante à voir vivre, père inutile et, tout compte fait, peu fréquentable. Ce qu'il faut dire à ce stade, c'est que l'Empire ottoman, dont le Liban n'est qu'une province plus ou moins négligeable et, en tous cas, négligée, exerce sur l'ensemble du territoire fait de musulmans dociles et de chrétiens ambigus –, que l'Empire ottoman a la main lourde quand il s'agit de sévir, et légère quand il s'agit de délester les uns et les autres de leurs biens afin d'alimenter son propre trésor en forme de barque percée. *Fluctuat* et *mergitur* pourrait bien être, en cette fin du XIXe siècle, la devise de ce vaisseau amiral, la Sublime Porte, désormais sous les coups de boutoir de l'Europe entière, en train, jour après jour, de perdre de sa superbe – d'où, sans doute, la tentation de prendre des revanches aisées là où agir de la sorte ne fait guère problème. Et le Liban, avec ses nombreuses communautés alors imperméables les unes aux autres, disparates et déséquilibrées économiquement et culturellement, le Liban sorti boitillant et tout démantelé de sa guerre civile de 1860 entre druzes et maronites, le Liban où les "Puissances", comme on disait, voulaient chacune sa place à table et sa part du gâteau à travers la tutelle exercée sur l'une ou l'autre des composantes confessionnelles de la société d'alors – les Anglais prenant sous leur protection intéressée les druzes, les Français les maronites, les Autrichiens les catholiques, les Russes les orthodoxes, les Turcs conservant la gestion directe de tout ce qui est purement musulman –, le Liban offrait un terrain idéal au pouvoir ottoman pour s'adonner à des

*Le Cirque de Bécharré, berceau de la famille Gibran,* **par Thompson d'après Bartlett, eau-forte (Paris, Bibliothèque nationale de France).**

parades d'autorité, et même d'autoritarisme, autant qu'à des conduites passablement et, le plus souvent, inutilement vexatoires. Avec ce pouvoir vacillant et brutal, les uns et les autres composaient, tout en entretenant en sous-main des relations coupables avec les principaux ennemis de l'Empire, les Puissances susnommées, représentées sur place par leurs intouchables consuls. Le Patriarcat maronite lui-même, la plus haute autorité politique et spirituelle de la communauté dont Gibran faisait partie, ne voulait pas indisposer, et pour cause, Constantinople. Celle-ci lui rendait, en petits services éventuels, la monnaie de son acceptation apparente de l'ordre établi. C'est dans cette atmosphère de louvoiement généralisé et de conspiration feutrée que Gibran vit le jour et qu'il vécut ses années d'adolescence. Et c'est sans doute cette hypocrisie institutionnalisée qui lui donnera, outre son violent mépris de la petite politique au jour le jour, son opposition farouche à la mainmise turque sur la région, son détachement et sa véhémence à l'égard du siège patriarcal maronite coupable à ses yeux de trop nombreuses compromissions, son exaspération face aux habiletés manœuvrières

*Antoura : vue de deux couvents prise de la route,* **par Freeman d'après Lehoux, lithographie (Paris, Bibliothèque nationale de France).**

des notables de tout acabit qui voulaient obtenir une place au soleil, fût-ce au prix de leurs idéaux proclamés et fût-ce en la payant de leur honneur, sa méfiance instinctive à l'égard de tous les regroupements communautaires qui lui paraissaient préparer le lit à de grands marchandages où c'est la diplomatie du souk et du bazar la principale et même la seule règle, indécise et déviante, maniée par des intérêts à courte vue, et c'est également cela, tout cela, toutes ces approximations jugées par lui pitoyables, qui lui feront prendre ses distances à l'heure de l'établissement du mandat français sur le Liban, en 1920, à la suite du traité de Versailles grâce auquel l'Empire ottoman, défait militairement, passe le main à l'une ou l'autre des puissances alliées victorieuses, après quatre siècles de présence ininterrompue en terre d'Orient : la Palestine et l'Irak seront placées sous obédience britannique, le Liban et la Syrie sous régie française. Gibran n'est pas d'accord et il le dit hautement, à partir de New York, dans un article retentissant. Lui, ce qu'il aurait sans doute souhaité, c'est une réunification des diverses parcelles arabes du Proche-Orient, ces pays que je viens

*Le Mont Radika,* d'après le *Voyage en Syrie,* par Racine d'après Cassas
(Paris, Bibliothèque nationale de France).

de citer et qui, sous même drapeau, auraient constitué un vaste ensemble territorial, cela même qui sera bientôt le rêve et le programme avoué du Parti Populaire Syrien, qui milite en faveur de ce qu'on appellera plus tard le "Croissant fertile" ou encore la "Grande Syrie", la Syrie "naturelle". À la même époque, élu président le 28 avril 1920 d'*Al-Rabitah al-Kalamieh* (Le Cercle des hommes de lettres, voir plus loin les repères bio-bibliographiques), il publie un long article sur "L'Avenir de la langue arabe" en partant de ce propos ou *hadîth* muhammadien : "Allah a des trésors sous le trône ; leurs clefs ne sont autres que la langue des poètes". Donc poète, oui, Arabe, oui, politicien libanais, non. En prélude à l'article célèbre que j'ai évoqué plus haut et qui constitue, en quelque sorte, son testament politique, Gibran avait écrit, dans un autre article publié en 1916, donc avant l'instauration du mandat français, ce qui suit et qui se révèlera par la suite, à divers moments de l'histoire libanaise et, aussi bien, régionale, de nature prophétique : "Quel individu – s'interroge-t-il – ne déteste pas le fanatisme religieux ? Toutefois quelle communauté religieuse en

Syrie [le Liban dans le langage de l'époque] ne traite pas la communauté d'en face d'impie et d'hérétique ? Est-il une force au monde qui puisse réunir sous son ombre le maronite et l'orthodoxe et le protestant – le druze, le sunnite, le chiite, le juif et l'alaouite ?" L'article de 1920 concerne plus particulièrement le Liban. Publié par plusieurs journaux arabes de New York mais aussi dans tout le Proche-Orient arabe, il est dès son titre – "Vous avez votre Liban, et j'ai le mien" – d'un ton nettement plus radical : il aura une répercussion énorme dans l'ensemble de la région, et il arrive qu'on le cite encore chaque fois que le Liban traverse une nouvelle crise ou de nouvelles violences, c'est-à-dire, somme toute, assez souvent :

"Vous avez votre Liban avec son ambiguïté, écrit-il au début de son article, et j'ai le mien avec sa beauté.

Vous avez votre Liban avec tous les conflits qui s'y déchaînent. J'ai mon Liban avec les rêves qui y prospèrent [...]

Votre Liban est un nœud politique que les années tentent de dénouer. Mon Liban est fait de collines qui montent avec noblesse et magnificence vers le ciel azuré.

Votre Liban est un problème international tiraillé par les ombres de la nuit. Mon Liban est fait de vallées silencieuses et tout de mystère, dont les parois résonnent du son des carillons et du ruissellement des ruisseaux..."

Et aussi ceci qui aurait pu être écrit hier, voire aujourd'hui même :

"Votre Liban est un champ clos où se débattent des hommes venus de l'ouest et d'autres du sud. Mon Liban est une prière ailée [...]

Votre Liban est une partie d'échecs entre un chef religieux et un chef militaire. Mon Liban est un temple que je visite en esprit, lorsque ma vue se lasse de cette civilisation motorisée.

Votre Liban n'est qu'une fourberie qui se déguise en une prétendue érudition, une tartufferie maniérée et simiesque. Mon Liban est une vérité simple et nue...

*Vallée du Nahr-el-Kadicha*, eau-forte (collection particulière).

Votre Liban se détache tantôt de la Syrie, et tantôt s'y rattache ; il ruse des deux côtés pour se maintenir dans l'entre-deux. Mon Liban ne se détache ni ne se rattache et il ne connaît ni conquête ni défaite.

Vous avez votre Liban et j'ai le mien…"

Il faudrait pouvoir tout reproduire de ce grand texte que j'ai dit prophétique. Mais Gibran sait que la prophétie fait partie intégrante de son être-au-monde. N'a-t-il pas dit un jour à Mary Haskell qui a repris ce propos dans son *Journal* : "La plus haute ambition d'un Russe est d'être un saint, celle d'un Allemand d'être un conquérant, celle d'un Français d'être un grand artiste, celle d'un Anglais d'être un grand poète, celle d'un homme du Levant d'être un prophète." ?

L'Église et toutes les églises n'aiment pas les prophètes ou, si prophète et nouveau message il y a, elles ne les admettent qu'à contrecœur, agressées et forcées. L'Église maronite pas plus qu'une autre. C'est pourquoi tant d'écrits de Gibran seront condamnés par elle, c'est pourquoi elle les livrera – avec la complicité du pouvoir turc – aux autodafés vengeurs. Jusqu'à l'heure de la gloire gibranienne qui sera, pour l'Église maronite, celle de la récupération du fils prodige, un instant égaré. Aujourd'hui le contempteur de l'institution dort son dernier sommeil, selon ses vœux, au monastère de Mar-Sarkis accroché à même la paroi de vallée de la Kadisha, dans la merveilleuse église semitroglodyte du lieu saint, à quelques centaines de mètres de Bécharré, son bourg natal.

Le "Mystère Gibran", ai-je dit. Peut-être est-ce pour garder en lui intact ce rêve d'un Liban légendaire que le poète, malgré ce qu'il a mille fois exprimé de son désir de retourner dans son pays, alors qu'il était depuis des décennies implanté dans New York, oui, peut-être est-ce pour garder en lui intact un songe d'enfance prolongé dans l'âge mûr que le poète ne reverra plus jamais son Orient natal ni ce pays qui est, poétiquement parlant, sa raison d'être et la source de toutes ses images pastorales et agrestes. On pense à cet autre poète, néerlandais je crois et dont je ne retrouve pas le nom, qui vécut et qui écrivit dans la grande cité américaine alors que toute son inspiration lui venait de la fine et brouillée lumière hollandaise. À une délégation qui se rendit auprès de lui pour l'inviter à revenir s'installer à Amsterdam – "Votre poésie est pleine de la nostalgie de la Hollande" –, il répondit, après un instant de réflexion : "Je préfère la nostalgie à la Hollande". Ici je m'en voudrais de ne pas rappeler que c'est Gibran qui est, au sein de l'exil, l'homme qui aura peut-être le plus fait pour le rayonnement international de sa petite patrie, fût-elle, cette patrie, située hors de sa portée et dans une vision embuée par la distance. À cette patrie il adhère physiquement de toute la force de ses convictions éthiques. C'est lui (peu le savent) qui est l'auteur, dans un article paru le 1er avril 1920 dans la revue cairote *Al-Hilal* et curieusement intitulé "La Nouvelle Ère", de la célèbre phrase reprise ensuite, à peine modifiée, par le président J.F. Kennedy : "Êtes-vous, s'interroge Gibran, un politicien qui se demande ce que peut faire son pays pour lui [...], ou bien un politicien enthousiaste et zélé qui se demande ce qu'il peut faire pour son pays ?"

Opérant un retour à la sorte de panarabisme proche-oriental de Gibran, qui sera partagé par son contemporain et ami Mikhaël Noaïmé, mort presque centenaire il y a une quinzaine d'années, je ne suis pas loin de penser que ses lointaines origines mésopotamiennes – "chaldéennes", dira-t-il volontiers, lui qui sera, par la suite, l'un des premiers amateurs de l'art assyrien – y sont pour quelque chose. Il y a le fait aussi que, du côté maternel, ses ancêtres sont probablement, à un moment ou l'autre de la généalogie familiale, des musulmans adoptés par Bécharré et convertis au christianisme, si convertis que son grand-père est prêtre maronite. Le nom de Gibran signifie Gabriel, le prénom de Khalil accolé au prénom d'Ibrahim signifie, en termes d'islam "l'ami" : Ibrahim al-Khalil, c'est Abraham, le patriarche, réputé "l'ami de Dieu". Ainsi toute une profonde tradition de signes splendidement spirituels se fait jour au sein de l'implantation gibranienne : "Dans les noms, écrit-il, il est un mystère bien plus profond que ce que nous imaginons, et des symboles bien plus significatifs que ce que nous pensons" (lettre à Mikhaël Noaïmé, 1923).

Kamila, la mère du poète, fût-elle d'une culture littéraire limitée, semble avoir été l'une de ces femmes du Liban avec lesquelles il fallait apprendre à compter. Non seulement elle s'était mariée trois fois, à

*Famille maronite au Mont-Liban,* **eau-forte (collection particulière).**

moins de vingt-quatre ans, si je ne m'abuse – le dernier mari étant Khalil précisément, le père de notre Gibran – mais, jolie, brune, musicienne et sachant jouer du *oûd*, le luth oriental, elle était également capable d'une grande indépendance d'esprit et d'un comportement frisant l'audace. Autonomie et audace exceptionnelles pour son temps avec, de plus, cette capacité d'ouverture à son fils, véritable cygne noir parmi les canards blancs, et cet effort pour le comprendre, pour demeurer à sa hauteur, le couvrant de cette protection qu'elle n'a cessé de lui prodiguer tant qu'elle fut en vie. Une petite Libanaise, vaillante et dure au travail jusqu'à sa mort, face à cette ville américaine impitoyablement aristocratique et infiniment élégante, Boston, dont Kamila ne connut que les bas-fonds. Gibran fera d'elle le signe et le symbole de son pays trois fois martyrisé : par le pouvoir ottoman, par la brutalité des féodaux et par l'hypocrisie du clergé : "Le visage de ma mère, écrit-il, est celui de ma nation". Comment ne pas penser à Camus et à sa propre mère ? Et, face à cette mère victime et impériale, il y aura, pour un temps, ce jeune homme, petit et de teint olivâtre, Gibran Khalil Gibran, qui a décidé très vite qu'il n'était fait que pour le travail intellectuel et pour l'intuition poétique – et toute sa famille autour de lui, remplie d'admiration, ne trouve qu'un seul mot à lui dire : "amen". Ai-je parlé de "mystère" ? Là, sans doute, dans cet environnement favorable à l'éclosion des dons les plus précieux, réside aussi le mystère d'une

*L'École du village au Mont-Liban,* **photographie (collection particulière).**

vocation, très affirmée déjà au départ, et que rien, heureusement, ne sera venu contrecarrer à l'heure fragile de ses premiers commencements. Toute sa vie, d'ailleurs – il est important de le noter –, Gibran a trouvé à ses côtés les aides matérielles et morales dont il a eu besoin : des femmes se sont vouées à lui comme au plus tendre et au plus fascinant de leurs gourous, des hommes – bravant leur propre éventuelle jalousie si pénible en elle-même et qui rend haineux ou hypocrites le plus souvent les rapports entre les écrivains – ont apporté à Gibran très tôt le tribut de leur admiration. C'est pourquoi – et très particulièrement dans *Le Prophète* – Gibran parlera le langage même de l'autorité douce, illuminée par cette confiance en soi accumulée auprès des autres et confortée par leur adhésion sans faille.

Le père, brièvement évoqué plus haut, ne joue aucun rôle essentiel dans la formation de la conscience poétique de Gibran. Si, pourtant. Ce bel homme, coléreux et alcoolique, de qui Kamila voudra s'éloigner au point de mettre entre eux une mer et un océan, sera victime d'une machination ou d'une injustice qui le conduiront, outre la prison, à la perte de son honneur. Une bien sombre histoire, en vérité. Connaisseur en bestiaux et maître d'un petit troupeau lui-même, Khalil senior est bientôt chargé par le *moutassarif* (ou gouverneur) de Tripoli de compter les têtes de bétail des uns et des autres et de procéder à la perception de l'impôt attaché à cette richesse animalière. Pendant six ou sept ans, il s'adonne avec dévouement à cette tâche jusqu'au jour où il est accusé, à tort semble-t-il, et par des adversaires aussi puissants qu'intéressés, de malversations. Jeté en prison, puis libéré à la suite de diverses interventions, il ne retrouvera jamais son quant-à-soi ni cette superbe de coq de village qui le caractérisait. Déjà, à l'heure de l'adolescence libanaise, ce père, bientôt dévalué, n'avait pas su trouver le chemin du cœur de son fils : "Mon père me blessait souvent, avouera plus tard Gibran. Un jour, à l'occasion de mon retour au village [venant du collège de la Sagesse, à Beyrouth, où Gibran Khalil Gibran complétait ses études], il convia parents et amis à un dîner. Durant celui-ci, on fit mon éloge et l'on me demanda de lire mes récents poèmes, ce que je fis. Je regardai alors mon père et vis sur son visage une expression de mépris. Tout le monde applaudit à ma lecture. 'J'espère que nous n'aurons plus à entendre un tel délire', dit mon père" (cité dans le *Journal* de Mary Haskell). Toutefois, et bien qu'assez indifférent au destin de son géniteur – "tempérament violent et autoritaire, il n'était pas ce qu'on appelle généralement une personne aimable", dira-t-il de lui –, Gibran n'en ressent pas moins comme tragique l'injustice faite à son père : on le verra dans *Le Prophète* s'en prendre durement, âprement, aux méfaits provoqués par l'iniquité tranquille de tous ceux à qui la bonne conscience tient lieu de conscience tout court. Peut-être est-ce aussi à l'incommunicabilité qui s'était instituée entre son père et sa mère qu'il dût de rester si réticent à l'égard du mariage officialisé en pacte social et qu'il voulût, au sein de l'union matrimoniale, que viennent la bousculer et la raviver des appels d'air. Cet homme aimé des femmes, on le verra non seulement rebelle au mariage avec n'importe laquelle d'entre elles, mais aussi, devant elles, fussent-elles le mieux intentionnées à son égard, surtout si elles l'étaient, étrangement évasif et fuyant. À la même Mary Haskell, qui le rapporte, il dira : "[...] Je dois lutter tout le temps. La vie dans cette ville [New York] n'est pas facile. Je dois lutter contre les femmes, car je ne veux pas de femme dans ma vie. Et je dois lutter contre les hommes, car ils sont tous critiques..."

Voilà, hommes y compris, l'étendue du désenchantement gibranien. Mais, enfin, il est rare qu'un homme, qu'un poète avoue si crûment son appréhension, sa "lutte", dit-il, avec les femmes, et sa volonté de les exclure de sa vie. Insaisissable, étonnant, mystérieux Gibran. Certes, en souvenir probable de sa mère, il ne va pas aussi loin que Nietzsche qui conseille à qui va "chez les femmes" de ne pas oublier d'"emporter le fouet" et, parce qu'il a été entouré, quoi qu'il en eût contre son père, de la vigilance et de l'amour de ses proches immédiats, et aussi, sans doute, parce que c'est un homme d'Orient pour qui un certain nombre de valeurs restent sacrées, il ne prononcera jamais résolument, le prononçât-il pourtant lui aussi, le fameux "Familles, je vous hais !" gidien.

Cela dit, le problème de sa sexualité reste à mes yeux entier. Qu'en aura-t-il été exactement de son rapport avec son propre corps et avec celui des autres ? Il a pour le corps une sorte de vénération et, comme Rimbaud, il souhaite que celui-ci puisse "aller nu", admis aux tables du soleil et aux fêtes du vent. Il parle poétiquement du corps à la façon d'un Grec antique et, dans ses dessins, qui disent naïvement sa passion pour Michel-Ange et son admiration pour l'œuvre sombrement et sobrement dévêtue de William Blake, c'est dans son rayonnement dévoilé qu'il représente, de l'homme ou de la femme, le sacre des membres enlacés et des torses purifiés, fussent-ils accolés l'un à l'autre. Si, dans le traitement du visage, on sent souvent chez Gibran en tant que peintre l'influence un peu brumeuse, un peu fumeuse (au sens propre du mot) d'Eugène Carrière qu'il admirait, si, chez les Préraphaélites qu'il aimait également et qui l'ont fasciné, on reconnaît, à travers eux, son attachement de toujours à Léonard de Vinci, génie insurpassable à ses yeux, c'est pourtant du côté de Rodin qu'il faut sans doute voir – par-delà l'enseignement traditionnel et appliqué qu'il aura suivi à l'académie Julian en même temps que son ami le sculpteur libanais Joseph Houayeck – son goût pour l'irradiation spirituelle issue du corps pur et nu –, pur parce que nu. Il n'y a, en effet, nulle capacité de jouissance, nulle sensualité dans les dessins de Gibran. La volupté, que, cependant, il revendique dans *Le Prophète* comme un droit, reste

Léonard de Vinci, *Buste de la Joconde,*
dessin à la mine de plomb rehaussé de blanc
(Chantilly, musée Condé).

chez lui comme idéelle et de nature éthique. Ce n'est pas là le moindre paradoxe d'un homme riche en contradictions.

On ne comprend rien à un poète – à un écrivain quel qu'il soit – si, j'y insiste, on n'étudie pas d'abord sa sexualité. Je suis convaincu que là réside une grande partie de son pouvoir, la transformation de cela de lui qui est obscur en éclat des mots, en soleil de la langue. La psychanalyse a baptisé ce passage la "sublimation". Mais c'est peut-être Pierre Jean Jouve qui, le mieux, a su parler de cette alchimie redoutable. Dans sa célèbre préface à son recueil *Sueur de sang*, il écrit ces phrases souvent citées : "Nous avons connaissance à présent de milliers de mondes à l'intérieur du monde de l'homme, que toute l'œuvre de l'homme avait été de cacher, et de milliers de couches dans la géologie de cet être terrible qui se dégage avec obstination et peut-être merveilleusement (mais sans jamais y bien parvenir) d'une argile noire et d'un placenta sanglant. Des voies s'ouvrent dont la complexité, la rapidité pourraient faire peur. Cet homme n'est pas un personnage en veston ou en uniforme comme nous l'avions cru ; il est plutôt un abîme douloureux, fermé, mais presque ouvert, une colonie de forces insatiables, rarement heureuses, qui se remuent en rond comme des crabes avec lourdeur et esprit de défense." Gibran a-t-il eu un inconscient ? Question ridicule et dont la réponse va de soi. Mais enfin, cet inconscient gibranien, on le voit plus tourné du côté de l'illumination jungienne – que notre poète a beaucoup visitée et dont il fut lui-même souvent visité – que du côté du monstre freudien décrit par Jouve et enfoui au cœur de l'homme. En amour, tout fait de Gibran un velléitaire, quelqu'un qui n'ose pas ou qui, osant, aussitôt se dérobe et se réfugie dans sa propre auréole : cette auréole qui lui a été tissée par sa mère, par ses sœurs, par ses premières admiratrices comme, aussi bien, par la dernière, celle qu'il n'aura jamais vue et avec laquelle il aura eu le rapport le plus éthéré fait rien que de missives, d'idées, de promesses, de sentiments échangés à distance : l'émouvante, la dure et si fragile "amante" libano-syrienne du Caire, la pathétique May Ziadé qui, après la mort de son poète inaccessible, deviendra folle, au sens littéral du terme, et, inter-

Pierre Puvis de Chavannes, *La Poésie dramatique,* l'un des grands panneaux muraux décorant la cage de l'escalier de la Boston Public Library qui marqueront profondément la sensibilité de Gibran dès son arrivée à Boston et vers lesquels il reviendra à la fin de sa vie (Massachusetts, Boston Public Library).

née, ne lui survivra que de peu. Oui, certes, Gibran connaîtra des femmes : il les aimera passionnément. Il aimera passionnément la jeune Hala al-Dahir, de Bécharré, alors qu'il est lui-même encore un adolescent et, de cette histoire malheureuse, comme elles le sont toutes à l'âge de Roméo et de Juliette (ah, combien il aura lu toute sa vie Shakespeare !), il fera un hymne et un autel en l'honneur de Salma Karamé, l'héroïne de son premier roman *Les Ailes brisées* ; il aimera Josephine Peabody, il aimera la Française Émilie Michel, surnommée Micheline, il en aimera d'autres – dans l'admiration qu'elles lui portent. Jusqu'à quel point, en effet, les aime-t-il pour ce qu'elles sont ? Avec elles, il partage le pain mental d'une sagesse immémoriale que son aura d'oriental, venu des régions bibliques, rend plus substantiel aux âmes, en cette époque où l'Orient des swami(s) hindous, des inspirés russes, des mystiques éperdus d'encens et de rêves est, pour bien des quêteurs spirituels, la voie et le salut. Il lui arrive de penser de lui-même, face aux autres et notamment aux femmes, comme à "[un] homme qui ne demande qu'à aimer le bonheur sans aller jusqu'à l'intimité passionnelle, et qui ne quémande qu'un baiser de la vie alors que la mort le gifle". Elles, les femmes, le perçoivent effectivement comme une manière de prophète, de porteur de message rayonnant d'une divinité inconnue. Ne parle-t-il pas spontanément comme un livre, usant pour mieux souligner sa pensée de paraboles ? Ne dessine-t-il pas et ne peint-il pas spontanément des idéalités, comme un moine enlumineur de la Renaissance ayant eu accès aux figures de la rêverie antique, et ne s'exprimant que par fables et allégories ? Il fume beaucoup, il boit tasse de café sur tasse de café, mange à peine, évoque le Christ de douceur et de douleur comme l'un de ses familiers surnaturels, adorablement compatissant. Très souvent, c'est le Coran aussi qui vient naturellement à ses lèvres, ce sont les *hadîths* muhammadiens, ces propos que l'Envoyé d'Allah, Al-Mustafa, a tenu à ses proches, qui aident Gibran à étayer son propre dire. Il parle de l'âme comme personne, il évoque à l'occasion Maeterlinck et son *Trésor des humbles*, le livre-phare de sa vie. À Boston, la société intellectuelle est volontiers théosophique : on parle de "psychophysique" et de "chimie

Pierre Puvis de Chavannes, *La Poésie pastorale*, peinture murale (Massachusetts, Boston Public Library).

mentale", il y a foule pour écouter Siddi Mohammed Tabier parler du Livre des Morts égyptien ou le Swami Vivekananda exposer, au Cercle oriental, les principes du Karma Yoga. La "Christian Science", la "Society of Psychical Research", la "Theosophical society" ont leurs adeptes passionnés et fidèles. "On va dans le silence" pour un rien, pour un moment de grâce ou de mélancolie. Gibran grandit et croît paisiblement dans cette ville qui dérive à tout instant vers on ne sait quel "ailleurs" : "L'art, écrit-il, est un pas effectué du connu visible vers l'inconnu secret, de la nature vers l'infini." Les femmes le ressentent comme un voyageur venu à elles pour les élever à lui. Josephine Peabody écrit : "Je dois toute ma gratitude à cet enfant de Dieu parce qu'il est devenu le compagnon de mon âme. Tout ce qu'offre mon âme lui est porté avec tristesse et sans paroles. Quant à lui, il l'accueille avec joie et le transforme en matière, en richesse, en véritables dons. À chaque fois que je lui tends mes mains emplies d'espoir, il y puise des idées, du bonheur et de la plénitude. Puis j'écoute ses remerciements et le regarde partir avec de la liberté et de la gloire intime en son cœur. Que Dieu bénisse celui qui reçoit de moi les présents que je donne de tout cœur." On croirait entendre parler un des disciples proches du Prophète ou le Prophète lui-même. Mystère de la communicabilité des âmes et de leur porosité immatérielle. Mystère de l'Esprit – mot que Gibran affectionne. Qu'est-ce que l'Esprit, dont le Prophète à plusieurs reprises nous rappelle le pouvoir omniprésent ? Il est une "station", une étape mystique dans le long cheminement de l'homme, bien plutôt de l'humanité tout entière, à la rencontre de l'Âme, à moins d'ailleurs que ce ne soit l'inverse, tellement dans la conception gibranienne les deux mots paraissent interchangeables, à une nuance près : dynamisme conquérant dans un cas, apaisement et reprise de forces dans l'autre. Il écrit dans *Larme et sourire* : "Je t'aime, frère, qui que tu sois. Je t'aime priant dans ta mosquée, adorant dans ton église, recueilli dans ton temple. Car toi et moi sommes les enfants d'une même religion : l'Esprit. Et les différentes voies religieuses représentent les différents doigts de l'unique main de l'Être suprême. Et cette main se tend vers nous avec ardeur pour nous conduire vers la plénitude de l'âme."

En ai-je fini, après ce détour, avec le mystère sexuel de Gibran ? Il est, c'est un fait, profondément séduit par la beauté des femmes, et, dès sa prime jeunesse, Gibran est un désirant. Il les a connues toutes : mère, sœur, inspiratrice proche (Josephine Peabody) ou lointaine (May Ziadé), amicale et riche de ferveur (Charlotte Teller), sensuelle et volage (Micheline), protectrice, dévouée jusqu'à dénouer tout le temps les cordons de sa bourse et à mobiliser en faveur du poète et du peintre le ban et l'arrière-ban de ses relations, la merveilleuse MEH (Marie Elizabeth Haskell), l'initiatrice à l'anglais, la correctrice du texte, celle qui consacra une douzaine de carnets à noter religieusement les faits, gestes et propos de son idole, de dix ans son cadet, qu'elle envoya à Paris, qu'elle installa à New York, qu'elle aima d'amour chaste et d'amour désirant, que Gibran voulut épouser, qui refusa, qui accepta, qui refusa de nouveau pour laisser le jeune poète à son destin, et qui est peut-être le prototype d'Al-Mitra, la devineresse, la première qui "crut en lui", et celle à qui l'on doit sans doute que Gibran devînt effectivement Gibran. Elle lui donne des sommes considérables d'argent,

Pierre Puvis de Chavannes, *L'Astronomie*, peinture murale (Massachusetts, Boston Public Library).

elle lui achète et lui fait vendre des tableaux, elle écrit aux uns et aux autres pour attirer leur attention sur son jeune génie ; il a froid et elle lui offre sa propre robe de chambre, il a besoin de se confier et elle est là : attendrie, douce, frémissante, consultée, convoitée, éconduite et finalement repoussée. Confidente et conseillère à la fois, elle aura tenu au jour le jour les éphémérides de sa passion. Elle pose à Gibran les questions les plus indiscrètes parfois et, en confiance, il lui répond en toute liberté : "J'ai eu très peu de femmes dans ma vie. Toutefois le type de femme physiquement attractif à mes yeux est extrêmement rare. J'en ai rencontré trois ou quatre... Les gens affirment que je suis un séducteur, un Don Juan : c'est faux. Je n'ai jamais été retenu dans ce domaine par l'idée du bien ou du mal, mais plutôt parce que je ne désirais pas aller plus loin. Je crois à la liberté de chacun, mais dans les limites de l'honneur, de la pureté morale et de la décence." Il lui dit également : "J'ai lu beaucoup de choses sur Œdipe qui épousa sa mère, sur Mahomet et Khadija, son épouse bien plus âgée que lui, sur Elizabeth Barret et son époux Robert Browning, qui avait six ans de moins qu'elle." Il dit également : "Sans doute, je ne me marierai jamais." C'est à la lumière de ces confidences qu'il faut lire l'admirable propos que le Prophète tient sur le mariage : couple, certes, et uni que le couple marié, mais sachant la valeur de l'autonomie personnelle jalousement préservée. "Même l'esprit le plus ailé, écrit toutefois Gibran, dans *Sable et écume*, ne peut échapper à la jouissance charnelle". Il n'empêche que cet homme de gauche – car il était profondément de gauche et méprisait ceux qu'il appellera les "ploutocrates" –, ce chantre de la libération de la femme d'Orient, mais aussi de toutes les libertés et de toutes les libérations partout où règnent le despotisme et l'oppression, ce chrétien en rupture de christianisme et qui pense comme Nietzsche qu'"il y a eu un seul Chrétien et qu'il fut crucifié", est, par Marie-Elizabeth, considéré comme le géniteur du Futur : "Le fruit de ce que vous pouvez réaliser comme travail, lui écrit-elle, va au-delà de cette génération, et peut-être durera pour bien des générations : seul l'avenir pourra témoigner de sa portée [...] Un jour, on lira vos silences en même temps que vos écrits, votre obscurité fera partie intégrante de la Lumière. Dieu vous bénisse." Lui-même ne peut que reconnaître sa dette immense envers les femmes, envers la Femme : "Je dois à la Femme tout de ma vie, assure-t-il dans une de ses lettres à May Ziadé, je lui dois ce moi qui est né d'un cri, je lui dois tous mes textes. La Femme m'a dessillé les yeux, m'a descellé l'âme. Sans la femme-mère, la femme-sœur ou la femme-amie, j'aurais dormi comme tous ceux qui dorment et ronflent dans la béatitude du monde." Et, parmi ces "femmes-amies", comment oublier de citer Barbara Young qui, secrétaire bénévole et ouvrière de la toute dernière heure, consacrera son énergie à porter aide et secours au poète dans ses ultimes années glorieuses et surmenées, ravagées par la sous-nutrition volontaire, l'abus de café et d'alcool, la progression de la cirrhose du foie ainsi que par bien d'autres maux de toute nature ? Que dire enfin de la relation plus que mystérieuse de Gibran avec Gertrude Barrie, la pianiste libanaise (Berri de son vrai nom) dont vraisemblablement on ne saura pas jusqu'où, passion, elle a pu aller loin ?

On ne saura rien non plus de la nature de sa relation avec le très raffiné Fred Holland Day, photographe d'art et grand esthète, qui habilla l'adolescent Gibran d'oripaux orientaux et l'immortalisa avec amour, objectif longuement braqué sur le bel enfant, en "jeune Cheikh arabe", cliché qui ravit, aux États-Unis et en Angleterre, un public de connaisseurs. Gibran gardera toute sa vie une gratitude infinie à celui qui, le premier, découvrit ses dons de dessinateur et de peintre et qui l'initia, "Dear Brother", aux subtilités maniéristes du symbolisme décadent. C'est ainsi que, peintre déjà affirmé, on verra Gibran à Paris ne rien voir de la montée des nouveaux créateurs et du nouveau langage pictural, celui des cubistes notamment, à l'égard desquels il tiendra des propos hautains et méprisants. Ses dieux resteront jusqu'à la fin, outre Carrière et Burne-Jones, Rodin, bien sûr, et, génie absolu à ses yeux, Puvis de Chavannes.

Il aura rencontré beaucoup de monde dans sa vie et, bien des gens illustres de l'époque. Je cite, au hasard, le président Théodore Roosevelt et son épouse, qui seront de ses admirateurs, Tagore et Yeats, qui

**Eugène Carrière,** *Portrait de Rodin,* **huile sur toile (Paris, musée Rodin). La découverte de la plastique fluide et sensuelle de Carrière permettra à Gibran de canaliser sa propre imagination et de lui faire atteindre une vraie plénitude. Gibran admirait dans cet artiste le rendu des mains notamment.**

obtiendront l'un et l'autre le prix Nobel de littérature, Maurice Maeterlinck qui l'avait déjà obtenu, Claude Debussy, Rodin, bien sûr, le philosophe William James, Pierre Loti, peut-être André Gide, sans doute Rainer Maria Rilke, le pamphlétaire Henri Rochefort, Edmond Rostand, Henri Bergson, Sarah Bernhardt et bien d'autres. De plusieurs de ceux-là, il sollicitera de faire le portrait, et le fera.

À New York, où il s'installe définitivement à partir de la fin de 1911, avec de brefs retours à Boston, il rencontrera d'autres personnalités. Des Américains, bien évidemment, et parmi les plus représentatifs, mais aussi des intellectuels issus du monde arabe, notamment des Libanais et des Syriens, avec qui il créera, tour à tour, La Chaîne d'or, expression des revendications politiques de ces émigrés dressés contre la puissance ottomane et désireux de voir la région acquérir son indépendance, avec ou sans mandat français – Gibran sera d'abord contre cedit mandat, puis, après le traité de Versailles en 1920, s'y ralliera –, et – La Chaîne d'or ayant fait son temps – la fameuse *Rabitat al-Kalamiah* (Le Cercle des hommes de lettres) à vocation moins politique que proprement littéraire et où des écrivains déjà très connus dans le monde arabe (Amine Rihani) ou d'autres bientôt célèbres (Mikhaël Nouaïmé) se rencontrent autour d'éditeurs et de revues prestigieuses de l'émigration – dont, notamment, l'importante *Al-Founoun* (*Les Arts*). À New York, on peut légitimement supposer que Gibran a pu rencontrer également d'illustres hôtes de passage, tels le philosophe britannique Bertrand Russel, le penseur cinghalais Ananda Coomarawamy, la poétesse indienne Sorojini Naidu et, aussi, le mystique théosophe Krishnamurti, âgé alors de trente ans et dont certains disciples souhaitaient qu'il acceptât de se proclamer le Christ réincarné. Il demandera conseil à Gibran sur ce point. Gibran l'en dissuadera. C'est à New York, mégapole qu'au demeurant il n'aime pas, qu'il déteste même ("New York n'a jamais été et ne sera jamais la patrie des fils de la poésie et de l'imagination"), tout en faisant ce qu'il fallait pour la conquérir – expositions, visites, interviews, collaborations à des revues américaines de haute qualité – que Gibran rencontrera Abdul-Baha', le chef de la secte Bahaie, lui-même héritier spirituel du Bab, guide spirituel d'une communauté d'origine persano-chiite, bientôt persécutée et réfugiée en Palestine, et qui pratiquait une sorte de syncrétisme religieux bien fait pour séduire le poète libanais en quête, lui aussi, d'une vaste synthèse.

Depuis longtemps Gibran, en effet, rêve d'un livre qui serait l'aboutissement de sa propre recherche et un vade-mecum pour les autres, tous

**William Blake, *L'Échelle de Jacob*, mine de plomb, plume et encre brune, gouache sur papier (Londres, British Museum).**

ceux qui croient en lui. Plus tard, de ce livre, *Le Prophète*, il écrira à May Ziadé, lui qui a derrière lui, en langue arabe, une œuvre considérable et reconnue : "Il est le premier livre de ma carrière, mon premier véritable livre, mon fruit mûr". "Je suis un chercheur de silences", dira, le moment venu, le Prophète, et c'est du sein de son propre silence que, sur des années, rêve après rêve, verset après verset, Gibran a secrété sa propre doctrine, à la suite du *Zarathoustra* de Nietzsche, de sa lecture de *L'Offrande lyrique* de Tagore, de sa méditation sur les *Livres prophétiques* de William Blake, de son imprégnation par la Bible (version King James), mille fois, dix mille fois ouverte et réfléchie pour y puiser de la profonde sagesse, de l'humaine poésie et aussi de la bonne et vraie langue anglaise car, outre Shakespeare, c'est dans cette Bible-là que le poète, peu à peu, se haussera jusqu'à la domination de l'anglais, langue devenue grâce à lui simple et pure à la façon d'un ruisseau d'eau claire. Il lit aussi et relit le Coran, et c'est du livre saint de l'Islam qu'il choisit de tirer le nom de son prophète, Al-Mustafa, l'Élu, le Purifié, selon notamment l'usage admirablement intériorisé que feront de cette désignation qualitative les soufis. C'est à l'école que l'enfant Gibran avait déjà imaginé une première fois son livre d'enseignement spirituel, c'est au collège de la Sagesse à Beyrouth, et dès 1899, qu'il écrit en arabe un long développement qu'il intitule *Pour que l'Univers soit bon* et qui se trouve être, le titre l'indique assez, une réflexion éthique. Un jour, il en lira des fragments à sa mère qui, en l'occurrence, se révèlera elle-même étonnamment prophétesse : "Certes, tu finiras par rédiger ce livre, lui dit-elle, toutefois ce n'est qu'à l'âge de trente-cinq ans que tu commenceras à l'écrire." Et, devant la déception du tout jeune homme, elle ajoutera : "Non, je n'ai pas voulu te décourager. Le monde aimera tes écrits comme je les aime. C'est vrai qu'aujourd'hui tu t'es trouvé toi-même, mais il faut que tu vives plus longtemps pour trouver l'Autre. C'est alors seulement que tu écriras ce qu'il te dictera."

Plus tard, l'ambition restant la même, le nom du livre, encore à l'état de projet, changera : *Le Dieu de l'île* sera le titre retenu. On voit, par là, que le personnage central du *Prophète* est dans l'esprit de Gibran un personnage à haute projection spirituelle, une sorte d'avatar de ce Jésus, dont il récuse, certes, la divinité, mais dont – à la suite de Renan dont il a lu et relu *La Vie de Jésus*, écrite au Liban et, plus précisément, à Amschit – la perfection spirituelle, bien que rien qu'humaine, l'obsède. Le livre à un moment donné s'était aussi appelé *Les Conseils*, titre sans doute trop explicite et auquel le poète a eu raison de renoncer. Gibran est essentiellement un intuitif et, malgré l'enseignement prodigué, il n'a rien, il ne veut rien avoir d'un dogmatique. À Mary Haskell, qui le rapporte, il dit : "Il existe une solitude en chaque homme. On ne peut l'aider à considérer l'invisible. Beaucoup de temps passera avant qu'il puisse prendre conscience de Dieu. Dieu ne peut être démontré. Je n'ai pas essayé de prouver son existence. L'idée de Dieu est différente en chaque homme, et nul ne peut imposer à quelqu'un son propre credo". Tout ce que peut faire l'enseignant, celui par qui passe une vérité, c'est de dire court et de ne rien faire d'autre que de suggérer sans rien imposer. À Mary également : "Je crois que les livres les plus denses sont les plus courts comme le *Livre de Job*." Et aussi : "Je veux, dans le livre que j'écris [à savoir *Le Prophète*], employer des images et des symboles qui soient universels." Enfin, faisant allusion à cette liberté laissée à l'enseigné : "Le propos le plus significatif du Christ se résume de la sorte : 'Il vous a été dit... mais, en vérité, je vous dis...' "

Donc, c'est Jésus le prototype du Prophète, un Jésus débarrassé de toute sa complexité métaphysique et ontologique, de toute filiation divine, et simplement porteur aux hommes d'une parole de vie, d'une vie qui ne serait point éternelle, mais récurrente à la manière bouddhiste. À la manière nietzschéenne et zarathoustraïenne aussi bien : "Le retour s'opère toujours sous une forme différente", explique-t-il à Mary Haskell, et, lui commentant Nietzsche : "Il est le plus solitaire des hommes du XIXe siècle et il en est aussi le plus grand [...] Nietzsche est l'esprit occidental le plus voisin de l'inspiration du Christ, et, s'il déteste le christianisme, c'est parce que celui-ci s'est égaré dans la mollesse. Ainsi est né chez lui la notion de Surhomme."

Il n'y a pas de Surhomme dans *Le Prophète* : il y a des hommes et des femmes, avec leur pauvres destins d'hommes et de femmes, leurs métiers, leurs faiblesses, leurs hypocrisies et leurs crimes, mais aussi leur soif de réalisation spirituelle, leur volonté de se dépouiller des tra-

*Le Gué des pèlerins,* où, selon la tradition, le Christ aurait été baptisé, d'après *Les Souvenirs d'Orient,* par Bonfils, photographie, vers 1875 (Paris, Bibliothèque nationale de France). **La solennité de ce rivage dépouillé, la description précise et grave de ces arbustes épars sont le commentaire le plus approprié à la nouvelle lecture que fit le poète de *La Vie de Jésus* dans ses dernières années. Des rives nues, encore empreintes de l'humanité douloureuse et grande du Christ de Renan.**

vestissements et des médiocrités qui font l'ordinaire de leur vie et dont ils souhaitent se libérer. C'est cela qu'Al-Mustafa a su voir en eux, et ce sont, justement, des paroles de libération et de délivrance qu'il leur porte. Paroles limpides comme l'eau. Comme chacun d'entre nous est, à sa façon, l'habitant d'Orphalèse, la ville d'Orphée, nom joliment inventé par Gibran pour indiquer le lieu essentiel, c'est nous tous qui pouvons, à un moment ou l'autre de notre vie, venir boire à cette eau élémentairement désaltérante. Car, en effet, quoi d'autre demander à l'eau que d'être cet élément-là, vivifiant, et cette limpidité d'une source de haute montagne, au Liban et sans doute du côté de Bécharré, où

**Léonard de Vinci, *Vierge à l'Enfant, sainte Anne et saint Jean-Baptiste*, dessin à la mine de plomb rehaussé de blanc sur papier beige (Londres, National Gallery). L'admiration de Gibran pour Léonard remonte à sa plus tendre enfance et l'une des dernières cartes qu'il envoya à May Ziadé représentait le tableau du Louvre dont le dessin reproduit ici constitue une étape préparatoire. C'est aussi chez Léonard que Gibran trouvera la douceur du trait qui caractérise ses propres dessins ainsi que le profond humanisme de ses évocations symbolistes.**

chacun est admis à venir étancher sa soif ? Nous sommes loin, très loin, de la complexité terrible de la vie moderne, des mille problèmes auxquels à chaque instant, dans la hâte et sous la pression sociale, chacun doit tenter de trouver la réponse la plus adaptée, mais souvent aussi la plus frustrante, la plus mutilée et mutilante. Hélas ! Nous ne sommes plus aux temps bénis des antiques prophètes qui se contentaient de fournir les solutions essentielles à des situations premières. Est-ce, toutefois, tellement sûr ? Si le petit livre de Gibran a tant de lecteurs aujourd'hui, et si ces lecteurs se recrutent dans les nombreuses langues où le livre a été traduit, c'est que, quelque part et à un moment donné, chacun d'entre nous se retrouve l'un de ces pauvres parmi les pauvres qui, face à ce qu'il y a en lui de plus nu, de plus vulnérable, de plus tremblant, a le plus urgent besoin de quelques mots simples qui viendraient à le rassurer, à le vêtir d'une texture suffisante et à lui procurer, hors toute superstructure civilisationnelle et mentale, formidablement oppressive et machinée, l'abri de la seule parole dont il eût besoin – face à la vie, à la mort, à la douleur, à l'injustice, à l'épuisement de l'âme, et au reste. Juste avant *Le Prophète*, Gibran avait écrit deux livres comme préparatoires à ce dernier : *Le Fou* (*The Madman*), et *Le Précurseur* (*The Forerunner*) ; après *Le Prophète*, et dans la première montée de sa célébrité naissante, il a le temps de publier *Jésus, Fils de l'Homme* (*Jésus, the Son of Man*), *Les Dieux de la terre* (*The Earth Gods*), et *L'Errant* (*The Wanderer*). Après sa mort, on trouvera, dans ses papiers, les manuscrits d'autres livres : *Le Jardin du Prophète* (*The Garden of the Prophet*) et *Lazare et sa bien-aimée* (*Lazarus and his Beloved*), œuvres plus ou moins achevées. On le voit : alors que les œuvres en arabe de Gibran tournent toutes autour du thème de la révolte et de la libération politique et socioculturelle, ses livres en anglais ont pour point focal le Christ. Bien avant de commencer la rédaction du *Prophète*, il dit un jour à Mary Haskell : "Je lis à présent Renan. Je l'aime parce qu'il a aimé et compris Jésus. Il l'a vu dans la clarté de son vrai jour, non dans la lumière du crépuscule. Mon plus grand désir est de parvenir à peindre la vie de Jésus comme personne ne l'avait fait auparavant. Ma vie ne peut trouver de meilleur apaisement que dans la personnalité de Jésus."

Un Christ, certes, pacifique et doux que celui dont il rêve, mais pas seulement pacifique et doux – loin de là. Toujours à Mary : "Jésus avait deux idées-forces : le royaume des cieux et une prise de conscience aiguë, critique et constructive. Aujourd'hui, on le dirait bolchévique ou socialiste. Les grands prêtres l'ont tué parce qu'il les a critiqués. Il a d'abord su voir le royaume des cieux comme une parcelle du cœur de l'homme : beauté, bonté, vérité [...] et, dans sa prise de conscience, il a souhaité mourir pour aider les autres à prendre, eux aussi, conscience de cela [...] Jésus, de par sa mort, est la plus puissante personnalité de toute l'Histoire."

C'est ce Christ-là, humain, trop humain – mais aussi fermement déterminé dans sa lutte contre toutes les formes du Mal –, à qui Gibran donne la parole dans *Le Prophète*. C'est une sorte de cinquième évangile qu'il écrit et qui est sa réponse à la montée irrésistible de tous les matérialismes, de tous les impérialismes. Al-Mustafa, qui est en fin de compte le porte-parole de tous les grands initiés d'Orient, veut dire leur fait aux mauvais pouvoirs qui nous dominent et dont chacun, notamment parmi les humbles, souffre et meurt.

Gibran lui aussi, ayant fini sa tâche, va mourir. Il a beaucoup œuvré pour la conciliation, pour la réconciliation. Toute sa vie, il a fait son possible pour concilier les nécessités de vivre ici et les impératifs de survivre au-delà, au-dessus et ailleurs, pour concilier aussi bien ses deux carrières de poète et de peintre, pour concilier son combat politique et son enseignement prophétique, pour concilier enfin l'Orient et l'Occident à travers l'imagination arabo-sémitique qui est la sienne, son affectivité d'enfant de l'Esprit, et la formulation de cela en anglais, dans cette langue qu'il a apprise durement à lire dans le texte : Shakespeare, Swinburne, Shelley, Keats et Walt Whitman aidant. Il écrit, avec les souplesses propres à l'arabe, un anglais pur – et que les meilleurs admirent. Il a aussi tenté de réconcilier l'homme et sa nature, la vie et la mort. Il est heureux, ému jusqu'aux larmes, cet homme de paix, quand il apprend que son père est mort en le bénissant.

Enfin, c'est son tour. Il ne veut pas qu'on lui vole sa mort. Comme Rilke. On l'oblige à entrer à l'hôpital le 9 avril 1931. Le 10 avril, à l'aube, il est retourné chez lui où Barbara Young le trouve évanoui, déjà agonisant. De nouveau, pour quelques heures, l'hôpital. À 22 h 25, il rend le dernier souffle : il "entre dans le silence". Il a quarante-huit ans. Quelqu'un, sur sa couche funéraire, a-t-il murmuré celui de ses propos rappelé par lui à Barbara Young quelques mois auparavant : "Je vis depuis l'alpha de la Création et je vivrai jusqu'à l'oméga de l'Éternité. Et mon existence jamais ne s'étiolera" ?

# Khalil Gibran

# *Le Prophète*

traduction nouvelle par Salah Stétié

Les illustrations sont extraites de
l'édition originale du *Prophète*
(Knopf, New York, 1923).

***Al Mustafa, l'élu et le bien-aimé,*** qui était de son propre jour l'aurore, a passé douze ans dans la ville d'Orphalèse attendant son navire qui devait revenir afin de le ramener à son île natale.

Et, au septième jour d'Eïloul, mois des moissons, de la douzième année, il est monté sur une colline hors les remparts de la ville et il a regardé vers la mer ; et il a vu son navire arriver dans la brume.

Alors les portes de son cœur se sont grandes ouvertes, et sa joie s'est élancée loin sur la mer. Puis il a fermé les yeux et a prié dans les silences de son âme.

Et tandis qu'il descendait de la colline, la mélancolie l'a enveloppé, et il s'est mis à penser en son cœur :

Comment partirais-je en paix et sans chagrin ? Non, je ne quitterai pas la ville sans une plaie dans l'âme.

Que longues furent les journées de souffrance que j'ai passées à l'intérieur de ses remparts et que longues furent les nuits de solitude. Et qui donc se séparerait de sa souffrance et de sa solitude sans amertume ?

Nombreux sont les lambeaux de l'âme que j'ai dispersés par toutes ces ruelles, et nombreux les enfants de ma nostalgie s'en allant nus parmi ces collines : comment m'éloigner d'eux sans être accablé et meurtri ?

Cela n'est pas un vêtement que je retire, mais ma peau même que de mes mains j'arrache.

Non, et ce n'est point non plus pensée fugace que je délaisse derrière moi, mais cœur mûri par la faim et la soif.

Or, je ne peux retarder le départ.

La mer, qui convie à elle toutes choses, me convie moi aussi et il faut que j'embarque.

Que je reste, les heures se consumant dans la nuit, ce serait me figer, me cristalliser, me réifier.

Ah ! si je pouvais emporter avec moi tout ce qui est d'ici ! Mais comment le pourrais-je ?

La voix ne peut se charger de la langue et des lèvres qui l'ont aidée. Il convient qu'elle affronte seule l'éther.

Comme à l'aigle il convient que, débarrassé de son nid, il plane en solitaire à la face du soleil.

Et quand il parvint au bas de la colline, il se tourna vers la mer, et il vit son navire s'approcher de la rade, avec, à sa proue, les matelots qui étaient des enfants de son pays.

Son âme pour eux fondit de tendresse, et il dit :

Ô fils de ma vieille mère, ô chevaucheurs des vagues, que de fois avez-vous navigué dans mes songes ! Et voici que vous arrivez en mon éveil, qui est mon songe le plus profond.

Prêt je suis à partir, et mon désir a déployé ses voiles en attente du vent.

Un seul souffle, c'est lui uniquement que je hume en cet air immobile, et un seul regard tendre, c'est lui uniquement que derrière moi je jette.

Désormais, je deviens l'un d'entre vous, marin parmi les mariniers.

Et toi, vaste mer, mère endormie,

Toi qui seule, pour la rivière et le ruisseau, est paix et liberté,

Une seule courbe encore infléchit ce ruisseau, et un seul murmure encore est ce qu'en cette clairière il murmure.

Avant que je vienne à vous, goutte infinie dans un océan sans fin.

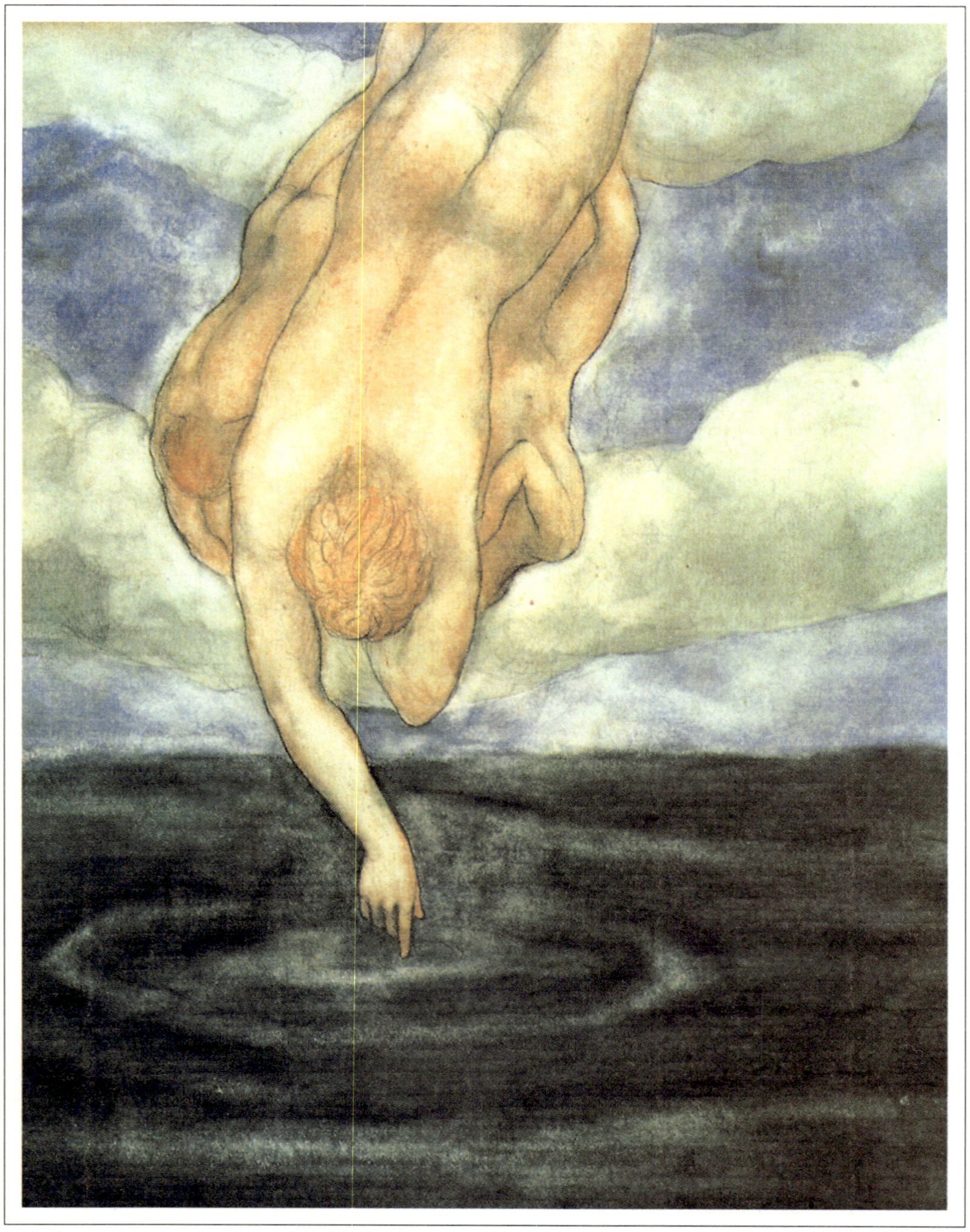

Et tandis qu'il marchait, il vit au loin des hommes et des femmes délaisser leurs champs et leurs vignes, se hâtant vers les portes de la ville.

Et il entendit leurs voix clamer son nom, et, de champ en champ, courait la nouvelle de l'arrivée de son navire.


Alors, il se dit :

Le jour de la séparation sera-t-il aussi le jour des retrouvailles ?

Et sera-t-il dit que mon soir était, en réalité, mon aurore ?

Et que donnerai-je à celui qui a abandonné sa charrue alors qu'il tirait son sillon, ou à celui qui a immobilisé la meule de son pressoir ?

Mon cœur deviendra-t-il un arbre lourd de fruits que je puisse cueillir et leur donner ?

Et mes vœux déborderont-ils comme fontaine dont j'emplirai leurs coupes ?

Suis-je une harpe sous la caresse de l'immense ou bien flûte qu'il animerait de son souffle ?

Je suis un chercheur de silences et quel trésor ai-je découvert dans mes silences dont je puisse faire l'offrande en confiance ?

Si ce jour est, pour moi, jour de moisson, dans quels champs ai-je semé une semence et en quelles saisons oubliées ?

Et s'il m'était donné vraiment de lever mon fanal, ce n'est pas ma flamme qui en lui brûlera.

Vide et obscur, je lèverai mon fanal.

Et le gardien de la nuit l'emplira d'huile, puis il y portera le feu.


Voilà ce qu'en paroles il dit. Mais beaucoup de ce qui était dans son cœur est demeuré non dit. Parce que lui-même était incapable de formuler son plus profond secret.

Et quand il entra dans la ville, tous vinrent à lui, et ils s'adressèrent à lui d'une même voix.

Et les anciens de la cité s'avancèrent et dirent :

Ne nous quitte pas encore.

Plein midi tu fus en notre crépuscule et ta jeunesse nous a fait don des rêves que nous rêvons.

Tu n'es pas un étranger parmi nous, ni un hôte, mais notre fils et notre bien-aimé.

Ne laisse pas d'ores et déjà nos yeux avoir la nostalgie de ton visage.

Et les prêtres lui dirent, et les prêtresses :

Ne laisse pas les vagues de la mer nous séparer désormais ni les années que tu as passées parmi nous devenir souvenir.

Voici que tu passais parmi nous comme une âme, et ton ombre était lumière sur nos faces.

Nous t'avons beaucoup chéri, mais silencieux était notre amour et caché sous un voile.

Or maintenant il t'implore à voix haute et se tient dévoilé devant toi.

Et, depuis toujours, ainsi en est-il de l'amour qu'il ignore ses propres abîmes jusqu'à l'heure de la séparation.

Et d'autres aussi sont venus et l'ont supplié.

Mais il ne leur fit point de réponse.

Seulement il inclina la tête, et ceux qui étaient près de lui virent des larmes tomber sur sa poitrine.

Puis il se dirigea, et la foule avec lui, vers la vaste place devant le temple.

Et du sanctuaire sortit une femme nommée Al-Mitra. Et c'était une devineresse.

Il la regarda avec une infinie douceur, parce qu'elle avait été la première à le suivre et à croire en lui, alors qu'il n'avait encore passé dans leur ville qu'une seule journée.

Et elle le salua en ces termes :

Ô prophète de Dieu, toi qui cherches l'absolu, que de fois tu as scruté l'horizon, guettant ton navire.

Et voici que ton navire est arrivé, et que tu dois partir.

Profonde est ta nostalgie pour la terre de tes souvenirs, demeure de tes plus nobles désirs ; et notre amour ne t'enchaînera pas, et notre besoin de toi ne te retiendra pas.

Mais nous t'invoquons, alors que tu t'apprêtes à nous quitter, afin que tu veuilles bien nous parler et nous donner de ta vérité.

Car nous-mêmes, à notre tour, nous la confierons à nos enfants, et eux-mêmes à leurs enfants, et ainsi elle ne disparaîtra point.

Dans ta solitude, tu as veillé avec nos jours, et dans ta veille, tu as écouté les pleurs de notre sommeil et son rire.

Mais, à présent, découvre-nous à nous-mêmes et enseigne-nous tout ce qui te fut révélé de ce qui va de la naissance à la mort.

Et il répondit :

Gens d'Orphalèse, de quoi vous parlerai-je sinon de ce qui agite, en cet instant même, vos âmes ?

*Alors, Al-Mitra dit :* Parle-nous de l'Amour.

Il releva la tête et regarda les gens autour de lui et le silence était sur eux tombé. Et d'une voix forte il dit :

Quand l'amour vous interpelle, suivez-le.

Bien que ses chemins soient escarpés et raides.

Et s'il vous enveloppe de ses ailes, abandonnez-vous à lui, même si le fil acéré de son pennage doit vous blesser.

Et quand il vous parle, accordez-lui foi,

Lors même que sa voix casse vos rêves comme le vent du nord saccage le jardin.


Comme vous couronne l'amour, il peut vous crucifier. Et comme il vous est croissance, il vous est ébranchement.

Et de même qu'il se hausse à votre altitude et joue avec vos branches le plus finement frémissantes au soleil,

De même peut-il s'abaisser jusqu'à vos racines et les ébranler tandis qu'elles s'agrippent à la terre.

Comme brassées de blé, il vous ramasse et vous rassemble en lui.

Il vous bat pour vous dénuder.

Il vous passe au crible afin de vous libérer de vos peaux sèches.

Il vous moud jusqu'à la blancheur.

Il vous pétrit jusqu'à vous rendre tendres.

Puis il vous place en son feu sacré, jusqu'à ce que vous deveniez pain bénit pour le festin sacré de Dieu.


Tout cela, l'amour le fera de vous, pour que vous fassiez connaissance avec les secrets de votre cœur, et, par cette connaissance, que vous deveniez parcelle du cœur de la Vie.

Mais si, dans votre lâcheté, vous demandez seulement la sécurité de l'amour et ses plaisirs,

Mieux vaut alors cacher votre nudité et déserter l'aire de l'amour,

Pour un monde sans saisons, en qui vous rirez, mais point tous vos rires, en qui vous pleurerez, mais point toutes vos larmes.

L'amour ne donne rien que lui-même et ne prend rien que de lui-même.

L'amour ne possède rien et il n'est de rien possédé.

Parce que l'amour se suffit de l'amour.

Quand vous aimez, ne dites pas "Dieu est dans mon cœur", mais plutôt : "Je suis dans le cœur de Dieu".

Et ne pensez pas que vous puissiez diriger le chemin de l'amour car c'est l'amour qui, s'il vous en trouve dignes, dirigera votre chemin.

L'amour n'a d'autre désir que de s'accomplir lui-même.

Mais si vous aimez, et que vous ne puissiez pourtant vous passer de désirer, que vos désirs soient ceux-ci :

Vous fondre dans le cours d'un ruisseau chantant son couplet à la nuit ;

Apprendre la douleur de l'excès de tendresse ;

Recevoir la blessure de votre intelligence de l'amour ;

Et que saigne la blessure en consentement et joie !

Puis qu'à l'aurore vous vous éveilliez le cœur ailé et rendant grâce à Dieu d'un nouveau jour d'amour ;

Qu'à midi vous reposiez en ravissement d'amour ;

Que le soir vous rejoigniez votre foyer avec gratitude,

Enfin que vous vous endormiez, en votre cœur une prière à l'aimé et sur vos lèvres un cantique.

*Une nouvelle fois, Al-Mitra* prit la parole et dit : Quoi, du Mariage, ô Maître ?

Et il répondit, disant :

Ensemble vous êtes nés et pour l'éternité ensemble vous serez.

Vous serez ensemble à l'heure où les blanches ailes de la mort disperseront vos jours.

Certes, vous serez ensemble également jusqu'en l'informulée mémoire de Dieu.

Mais, des espacements, qu'il y en ait dans votre union.

Et qu'entre vous dansent les vents des cieux.


Aimez-vous l'un l'autre, mais ne faites pas de l'amour une chaîne ;

Et que soit, entre les rivages de vos âmes, une mer vivace.

Que chacun de vous emplisse la coupe de l'autre, mais ne buvez pas à la même coupe.

Et que chacun donne à l'autre de son pain, mais ne mangez pas du même pain.

Chantez et dansez ensemble et réjouissez-vous, mais que chacun de vous soit seul.

De même que sont isolées les cordes du luth alors qu'elles vibrent du même air.


Donnez vos cœurs, mais qu'aucun ne retienne le cœur de l'autre.

Parce que seule la main de la Vie est à même de contenir vos cœurs.

Et tenez-vous sur le même rang, mais ne vous accolez pas l'un à l'autre :

Car les colonnes du temple se dressent séparées,

Et chêne et cyprès ne peuvent prospérer dans l'ombre l'un de l'autre.

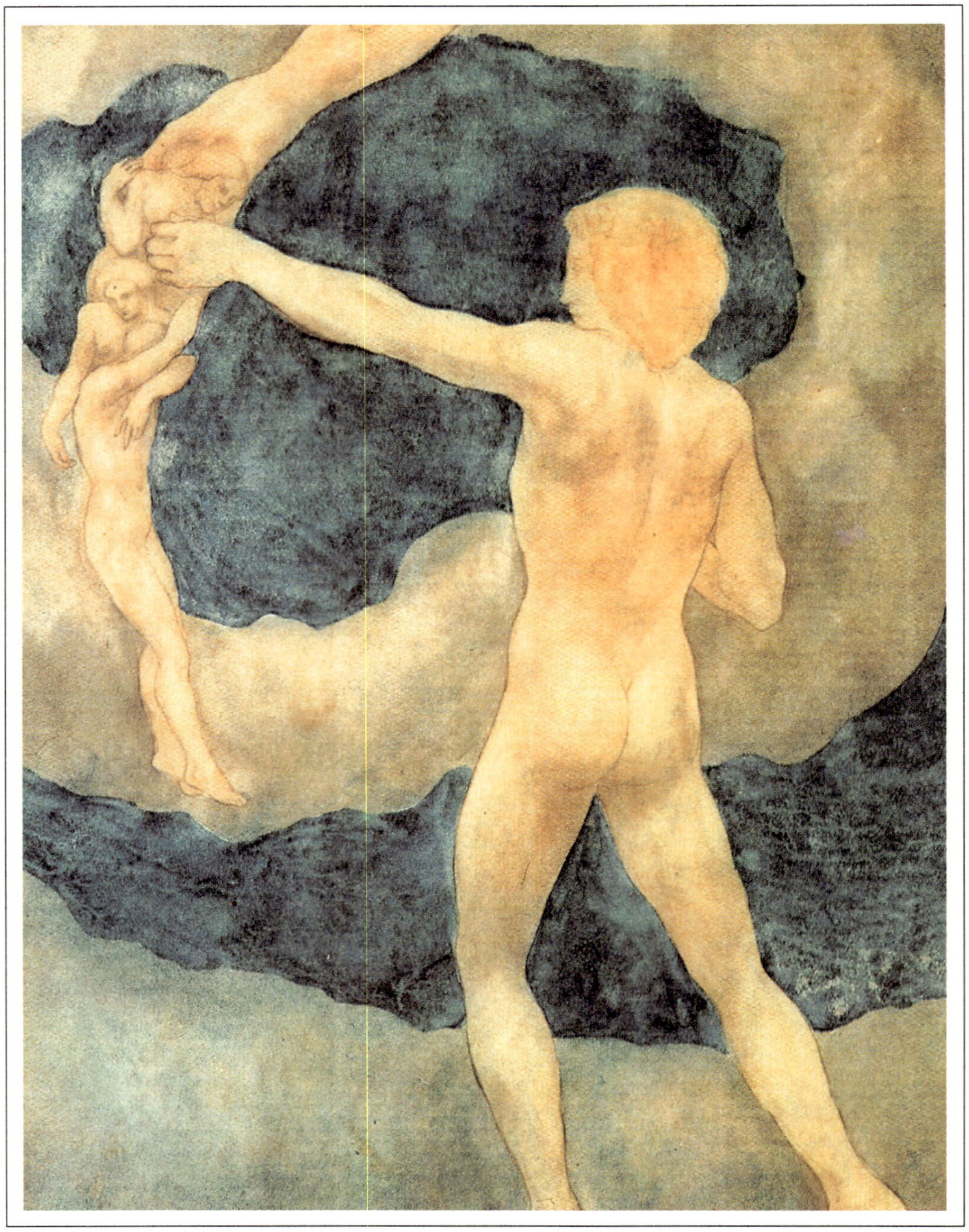

***Et, dit une femme, tenant un enfant*** dans ses bras : Parle-nous des Enfants.

Et il dit :

Vos enfants ne sont pas vos enfants.

Ils sont les fils et les filles de la Vie en nostalgie d'elle-même.

Ils viennent par vous mais non de vous.

Et même s'ils sont avec vous, ils ne vous appartiennent pas.

À vous de leur offrir votre amour, non vos idées,

Car ils ont, eux, leurs propres idées.

Ils vous revient de donner refuge à leurs corps, non à leurs âmes,

Car leurs âmes habitent le séjour de l'avenir que vous ne sauriez visiter même en rêve.

À vous de faire l'effort de leur ressembler, mais n'essayez pas de les rendre semblables à vous.

Car la vie ne revient pas en arrière.

Et ne s'attarde pas avec l'hier.

Vous êtes les arcs par quoi vos enfants sont projetés comme flèches vivantes.

L'Archer voit le but à l'infini et il vous ploie de toute sa force pour que ses flèches aillent vite et loin.

Que votre ploiement sous sa main soit motif de joie ;

Car, de même qu'Il aime la flèche qui s'élance, ainsi aime-t-Il l'arc en sa main assuré.

*Ensuite un homme fortuné lui dit :* Parle-nous du Don.

Et il répondit :

Donner de vos biens, c'est peu donner.

Mais lorsque vous donnez de vous-même, alors vous donnez véritablement.

Et que sont vos biens sinon ce que vous conservez et que vous protégez, par peur du lendemain ?

Et demain, que réserve donc demain au chien pusillanime qui enfouit des os dans le sable, alors qu'il chemine derrière les pèlerins vers la ville sainte ?

Et qu'est-ce que la peur du manque sinon le manque lui-même ?

Quant à la crainte de la soif, votre puits étant rempli, n'est-ce pas là soif que rien ne saurait éteindre ?


Il en est qui donnent un peu du trop qu'ils possèdent – et ils le donnent par désir de paraître, et leur désir caché corrompt ce qu'ils donnent.

Il en est qui ne possèdent que peu et qui le donnent totalement.

Ces derniers sont ceux qui ont foi dans la vie, et dans l'excellence de la vie et leurs réserves jamais ne s'épuisent.

Il en est qui donnent dans la joie, et cette joie leur est récompense.

Il en est qui donnent avec malaise, et ce malaise leur est baptême.

Il en est qui donnent et qui, en leur don, ne ressentent nul regret et de lui n'attendent nulle joie, et qui ne donnent point par vertu ;

Mais qui seulement donnent comme le myrte de la vallée répand son odeur dans l'air, là-bas.

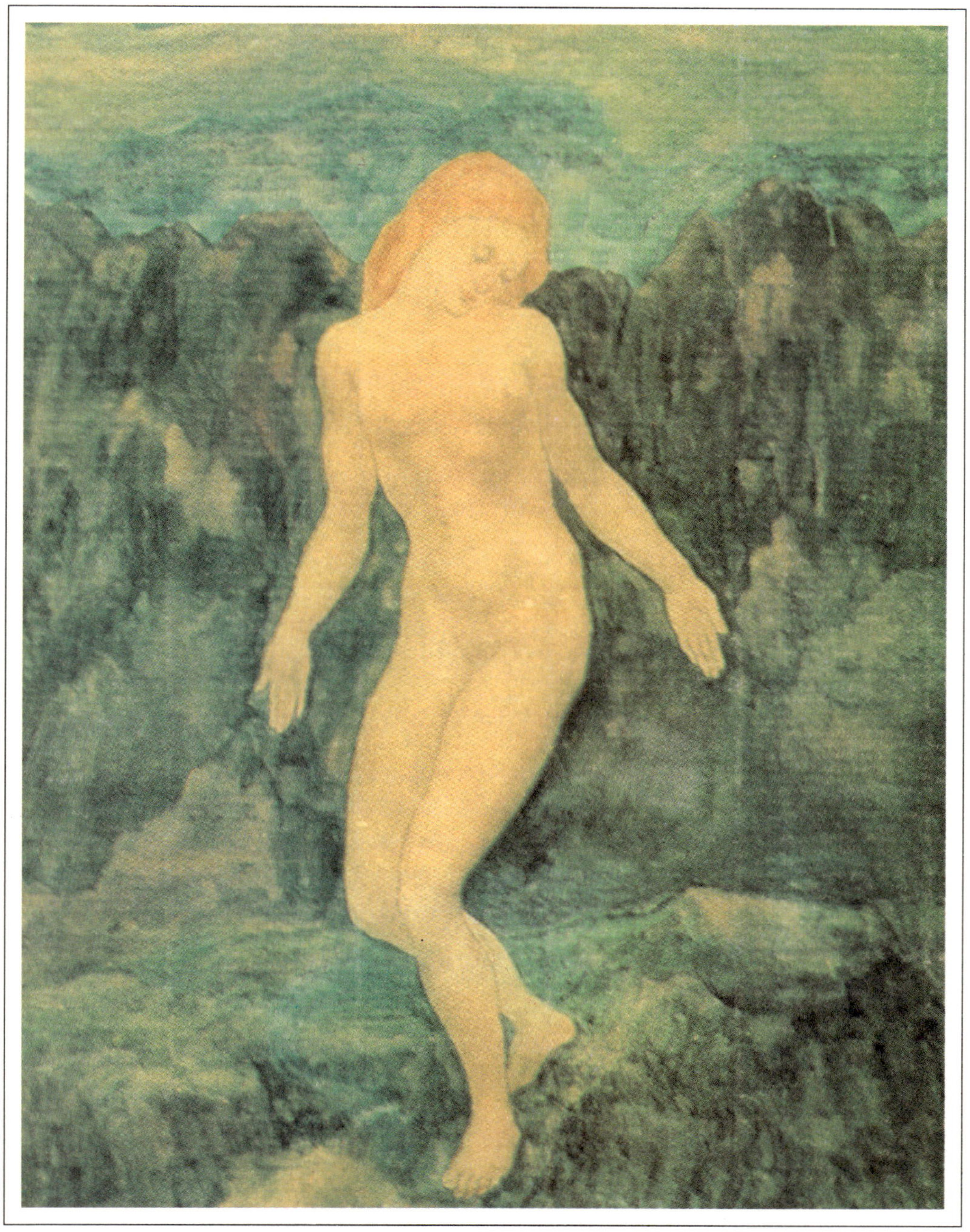

En ceux-là et leurs semblables, Dieu s'exprime, et à travers leurs yeux Il sourit à la terre.

Il est bon de donner lorsqu'on en est sollicité, mais il serait préférable de donner sans en être sollicité, par l'élan de la compassion.

Et rechercher celui qui accueillera le don est, pour l'homme de cœur, joie plus vaste que la joie même de donner.

Qu'est-ce qui mériterait de faire de vous des avares ?

Tout de ce que vous possédez sera donné un jour ou l'autre ;

Donnez aujourd'hui, afin que la saison des dons soit la vôtre, non celle de vos héritiers.

Bien des fois vous dites :

"Je donnerai, mais aux seuls méritants."

Les arbres de vos vergers ne parlent pas ainsi, ni les troupeaux de vos pâturages.

Ils donnent pour se perpétuer ; retenir, c'est périr.

Celui qui fut digne de recevoir le don du jour et de la nuit est digne, en vérité, de recevoir de vous n'importe quel autre don.

Et celui qui fut digne de boire à l'océan de la vie est digne d'emplir sa coupe à votre maigre ruisseau.

Et quel plus grand mérite que le consentement à recevoir, par ce qu'il recèle de courage, de confiance, voire de charité ?

Et qui êtes-vous donc pour que les gens vous ouvrent leur poitrine et se dépouillent de leur amour-propre afin que vous vissiez, nue, leur dignité et, impudique, leur amour-propre.

Il vous appartient de vous assurer d'abord que vous méritez de donner et d'être l'instrument du don.

Car, en vérité, c'est la vie qui donne à la vie alors que vous qui croyez donner, n'êtes que simples témoins.


Et vous qui recevez – c'est-à-dire vous tous –, ne ressentez donc point de sentiment de dépendance qui vous serait joug et le serait aussi pour ceux qui vous donnent.

Bien plutôt vous serait-il préférable de vous exhausser avec le donateur sur ses propres dons comme sur des ailes.

Car exagérer votre dette à son égard serait mettre en doute sa générosité, lui dont la mère est la magnanime terre et dont le père est Dieu.

*Alors un vieillard, maître d'une auberge* lui dit : Parle-nous du Boire et du Manger.

Et il dit :

Que ne vivez-vous de l'odeur de la terre et que n'êtes-vous comme plante de plein air seulement nourrie de lumière.

Mais puisqu'il vous faut tuer pour manger et ravir au nouveau-né le lait de sa mère pour apaiser votre soif, de cela au moins faites dévotion.

Et que votre table soit un autel où vous offriez en hostie le pur et l'innocent provenu de la forêt et de la plaine à cela qui, de l'homme, est le plus innocent et le plus pur.


Quand vous tuez un animal, dites-lui en votre cœur :

"Par la même puissance qui te sacrifie, je suis immolé moi-même et serai également nourriture.

Car la loi qui t'a remis entre mes mains me livrera moi-même à main plus puissante.

Ton sang et mon sang ne sont que sève à nourrir l'arbre du ciel."


Et quand vous mordez à pleines dents dans une pomme, en votre cœur dites-lui :

"Tes pépins vivront dans mon corps,

Et les bourgeons de ton lendemain dans mon cœur s'ouvriront ;

Et ton arôme deviendra mon souffle,

Et ensemble nous nous réjouirons dans la ronde des saisons."


Et quand, à l'automne, vous allez vendangeant les grappes de votre vigne pour le pressoir, dites-lui en votre cœur :

"Moi aussi, je suis vigne, et mon fruit sera vendangé pour le pressoir.

Et, tel le vin nouveau, il sera gardé en d'éternelles jarres."

Et quand, l'hiver, vous tirerez le vin, que soit dans votre cœur une chanson pour chaque coupe,

Et qu'il y ait dans la chanson mémoire des jours d'automne, et de la vigne, et du pressoir.

***Ensuite un laboureur dit :*** Parle-nous du Travail.

Et il répondit, disant :

Vous œuvrez par espérance de vous mettre au rythme de la terre et de son âme.

Car, désœuvrés, vous deviendriez des étrangers au regard des saisons, et vous quitteriez le cortège de la vie qui chemine en majesté et noble soumission vers l'infini.


Lorsque vous œuvrez, vous êtes la flûte en qui le murmure des heures se module en musique.

Qui d'entre vous se voudrait roseau silencieux et muet, quand toutes choses s'accordent et chantent ensemble ?


Il vous a toujours été dit que le travail est une malédiction et le labeur une infortune.

Or moi je vous dis que, lorsque vous œuvrez, vous accomplissez, du plus sublime rêve de la terre, une parcelle de cela que vous aviez reçu mission d'accomplir à la naissance même de ce rêve.

Et, en votre union avec le travail, ce qu'en réalité vous aimez, c'est la vie.

Or, aimer la vie au travail, c'est s'initier à son secret le plus profond.


Mais si vous estimez, dans votre souffrance, que naître est une calamité et que porter le faix du corps est une malédiction inscrite sur votre front, alors je vous réponds que seule la sueur de votre front lavera ce qui y fut inscrit.


Et il vous fut dit également que l'existence est noirceur et vous, dans votre épuisement, vous faites écho à ce qui est dit par les épuisés.

Or moi je vous dis que la vie est effectivement noirceur sauf si elle est animée par l'énergie,

Et toute énergie qui n'est pas savoir est aveugle,

Et tout savoir est vain qui n'est pas action,

Et toute action est vide qui n'est pas amour,

Et quand vous agissez avec amour, vous vous liez à vous-même, et à chacun, et à Dieu.


Or, agir avec amour, c'est quoi ?

C'est tisser une vêture de fils tirés de votre cœur, comme si devait s'en vêtir votre bien-aimé.

C'est bâtir une maison avec sollicitude comme si devait l'habiter votre bien-aimé.

C'est semer des grains avec tendresse et moissonner avec joie, comme si de cela devait se nourrir votre bien-aimé.

C'est insuffler de votre âme à tout ce que vous faites,

Et c'est savoir que tous les morts bienheureux se dressent autour de vous et vous observent.


Bien des fois je vous ai entendu dire, comme si vous parliez en dormant :

"Celui qui travaille le marbre, et qui découvre l'image de son âme dans la pierre, est plus noble que celui qui laboure la terre.

Et celui qui se saisit de l'arc-en-ciel et le projette sur la toile sous les traits d'un homme, est préférable à celui qui façonne des sandales pour nos pieds".

Or moi je vous dis, et ce n'est point parole de sommeil mais lucidité de midi, que le vent ne s'adresse pas au puissant chêne avec plus de douceur qu'il ne s'adresse au plus menu brin d'herbe ;

Et seul est grand celui qui transforme la voix du vent en une mélodie que son amour fait plus suave encore.

Le travail, c'est l'amour rendu visible.

S'il ne vous est guère possible d'œuvrer avec amour, mais seulement avec répugnance, il vous serait préférable d'abandonner votre ouvrage, de vous installer à la porte du temple et de demander l'aumône à ceux qui œuvrent dans la joie.

Car si vous cuisez le pain avec indifférence, amer sera votre pain, ne rassasiant la faim de l'homme qu'à moitié.

Et si vous pressez la grappe de mauvaise grâce, votre aversion s'égouttera en poison dans le vin.

Et si vous chantez, fût-ce comme les anges, mais sans amour pour le chant, vous rendrez sourd celui qui vous écoute et vous l'empêcherez d'ouïr les voix du jour et celles de la nuit.

*Et une femme dit :* Parle-nous de la Joie et de la Tristesse.

Et il répondit :

Votre joie, c'est votre tristesse sans masque.

Et le puits dont jaillit votre rire est celui même qui souvent s'était rempli de vos larmes.

Et comment en serait-il autrement ?

Plus la tristesse creuse profond dans votre être, plus s'ouvre en vous un espace pour la joie.

La coupe qui contient votre vin n'est-elle pas celle qui cuisit dans le four du potier ?

Et le luth qui pacifie votre âme n'est-il pas cette pièce de bois qui fut taillée au couteau ?

Lorsque vous vous réjouissez, regardez dans les abîmes de votre cœur, et vous découvrirez que ce qui vous donna de la tristesse est cela même qui vous donne de la joie.

Et quand vous êtes submergés par le chagrin, regardez à nouveau dans votre cœur, et vous vous apercevrez que ce que vous déplorez n'est que cela qui vous fut jubilation.


Certains d'entre vous disent : "La joie est plus grande que la tristesse".

Et d'autres disent : "Non, la tristesse est plus grande".

Or moi je vous dis : Les deux ne sont pas séparables.

Elles arrivent ensemble, et quand l'une d'elles s'installe seule à votre table, souvenez-vous que l'autre dort dans votre lit.


En vérité, entre votre joie et votre tristesse, vous êtes suspendus comme les deux plateaux d'une balance.

Et vous ne reposez et ne vous équilibrez que lorsque vous êtes vides.

Et lorsque le gardien du trésor vous soulève afin de peser son or et son argent, c'est votre joie alors ou votre tristesse qui fera pencher la balance.

*Ensuite un maçon s'avança, et dit :* Parle-nous des Maisons.

Et il répondit, disant :

Bâtissez de vos rêveries un berceau de verdure dans le désert, avant de vous bâtir une maison à l'intérieur des remparts de la ville.

Car, de même que vous retournez à vos maisons le soir, de même existe-t-il un retour pour l'errant qui est en vous, ce solitaire, cet éloigné incessant.

Votre maison est votre corps le plus vaste.

Et elle croît au soleil, et elle repose dans la sérénité de la nuit, et jamais le rêve, d'elle, n'est absent. Votre maison ne rêve-t-elle pas ? Et, dans son rêve, ne délaisse-t-elle pas la cité pour les bosquets et la crête de la colline ?


Ah ! si je pouvais regrouper vos maisons dans le creux de ma main, et comme le semeur les semer à travers bois et prairies !

Si, selon mon souhait, les vallées vous étaient rues, et allées les sentes verdoyantes, vous vous chercheriez à travers les vignes et vous vous en reviendriez, vos habits fleurant bon la terre.

Mais, de cela, le temps n'est pas encore venu.

Vos aïeux, dans leur peur, vous ont regroupés à l'excès. Et cette peur va durer quelque temps encore. Les remparts de votre ville feront encore barrage quelque temps entre vos demeures et vos champs.


Puis, dites-moi, gens d'Orphalèse, qu'est-ce qui vous appartient dans ces maisons ? Et que protégez-vous par des portes verrouillées ?

Avez-vous la quiétude, cet élan pacifié qui révèle votre force ?

Avez-vous des souvenirs, ces voûtes brillantes qui relient les cimes de l'esprit ?

Avez-vous de la beauté, celle qui conduit votre cœur à travers les objets façonnés en bois et en pierre jusqu'à la montagne sainte ?

Dites-moi, tout cela, l'avez-vous dans vos maisons ?

Ou bien n'avez-vous rien d'autre que le confort et l'appétence du confort, celui-là qui s'introduit furtivement dans vos maisons comme un invité et le voici l'hôte, puis le maître ?

Oui, certes, et le voici le dompteur qui, par fourche et fouet, fait des pantins de vos grandes ambitions ?

Ses mains fussent-elles de soie, son cœur est de fer.

Et s'il vous berce, ce n'est guère pour vous endormir, mais pour se tenir devant votre lit et se rire de votre chair en sa noblesse.

Et il raille vos solides sens et les entoure de duvet comme bibelots fragiles.

En vérité, l'appétence du confort assassine la passion de l'âme, puis, ricanant, fait cortège à sa mort.

Mais vous, enfants de l'espace, vous que n'apaise pas le repos, vous ne sauriez vous prendre aux leurres ni vous laisser dompter.

Votre demeure ne sera jamais une ancre, mais un mât.

Elle ne sera pas la gaze brillante qui recouvre la blessure, mais la paupière qui protège l'œil.

Vous ne replierez pas vos ailes pour franchir les portes ni ne courberez la tête par crainte de heurter le plafond ni ne vous abstiendrez de respirer par peur que les murs ne se fissurent et ne s'écroulent.

Vous n'habiterez point de tombes creusées pour les vivants par les morts.

Et bien que votre maison soit tout splendeur et luxe, elle ne saurait enclore votre secret ni emmurer votre ardeur.

Car ce qui est infini en vous réside au ciel, ce palais dont la porte est la brume du matin et les fenêtres les hymnes et les silences de la nuit.

*Et un tisserand lui dit :* Parle-nous des Habits.

Et il répondit :

Vos habits voilent beaucoup de votre beauté, mais ils ne cachent pas toute disgrâce.

Or, bien que vous demandiez à vos habits le bien-être de l'intimité, il peut se faire qu'il vous deviennent un harnachement et une chaîne.

Que ne pouvez-vous accueillir le soleil et le vent avec plus de dénudement du corps et moins d'accoutrement.

Parce que le souffle de la vie est dans l'éclat du soleil, et dans le vent la main de la vie.


Certains d'entre vous disent : "Le vent du nord est celui qui a tissé les vêtements dont nous sommes revêtus".

Or moi, je dis : Oui, certes, c'était le vent du nord.

Mais la honte était son métier à tisser et l'épuisement des nerfs son fil.

Et quand il eut terminé son travail, il se mit à rire dans la forêt.


N'oubliez pas que la pudeur est une armure qui vous préserve de l'œil des impurs.

Mais quand ceux-là auront disparu, la pudeur ne devient-elle pas entrave et perversion de l'esprit ?

Et n'oubliez pas que la terre se réjouit de toucher vos pieds nus et que les vents aspirent à jouer dans vos cheveux.

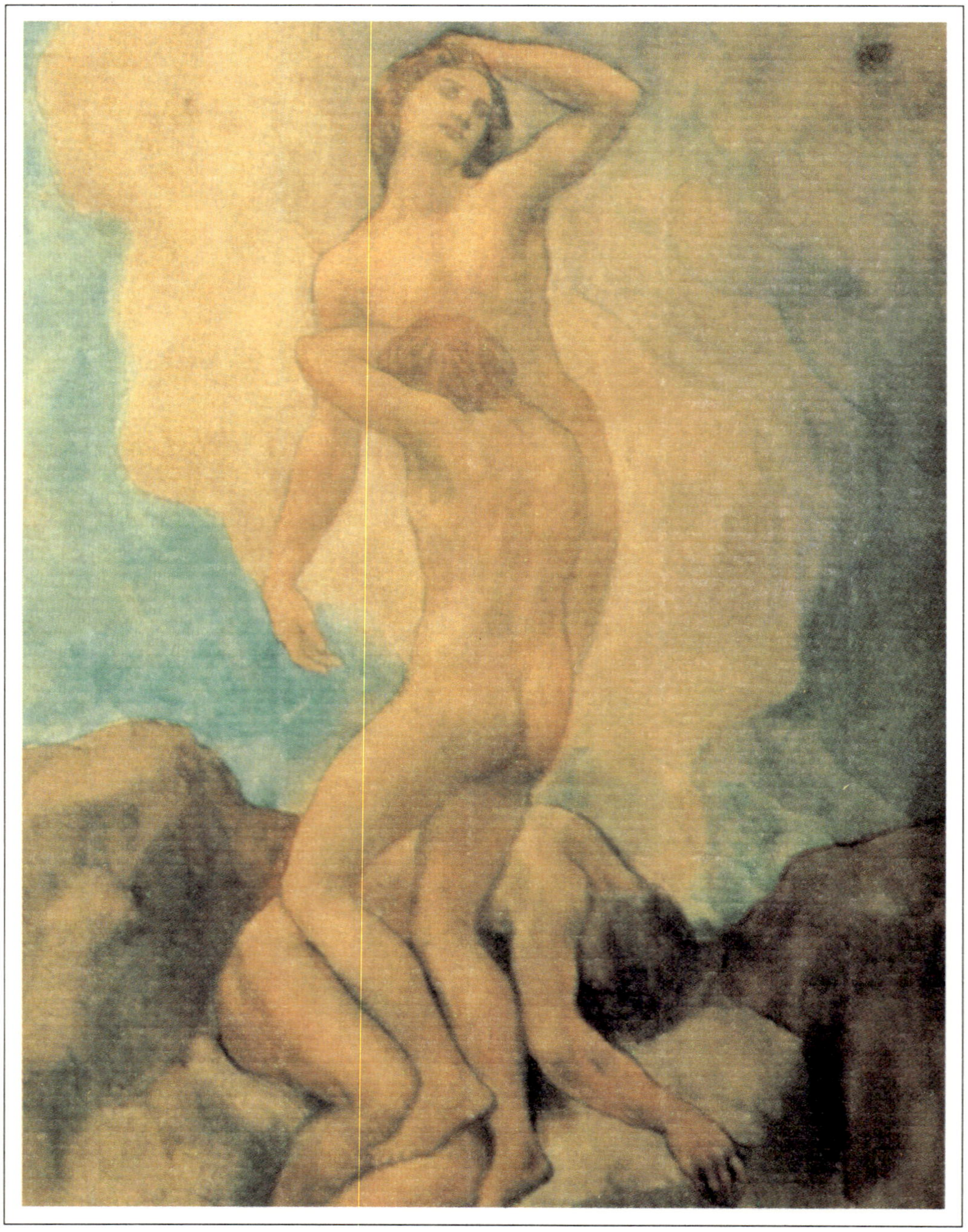

*Et un commerçant dit :* Parle-nous de ce qui est Achat et Vente.

Et il répondit, disant :

La terre vous donne ses biens, et vous ne serez en manque de rien si vous savez comment prendre en vos mains.

En échangeant les dons de la terre, vous trouverez abondance et contentement.

Mais l'échange, s'il n'a pas lieu dans l'amour et la justice, conduira certains d'entre vous à la rapacité et d'autres à la malefaim.


Lorsque, vous qui travaillez en mer, et aux champs, et à la vigne, vous rencontrez sur la place du marché les tisserands, les potiers et les cueilleurs d'épices,

Sollicitez donc le génie de la terre de venir parmi vous et de sanctifier vos balances et vos prix, valeur contre valeur.

Et ne permettez pas à ceux dont les mains sont stériles de s'associer à vos transactions, car ils ne font contrepoids à vos efforts que de paroles.


À ceux-là vous direz :

"Venez avec nous aux champs ou accompagnez nos frères sur la mer et lancez-y vos filets ;

Parce que la terre et la mer vous seront généreuses comme elles le sont pour nous".


Et si viennent à vous les chanteurs et les danseurs et les flûtistes, achetez également de leurs dons.

Car eux aussi sont de ceux qui récoltent les fruits et l'encens, et ce qu'ils apportent, fût-il modelé par les rêves, est vêtement et nourriture pour votre âme.

Et, avant de quitter la place du marché, assurez-vous qu'aucun n'est reparti les mains vides.

Parce que le génie de la terre ne saurait s'endormir en quiétude sur le vent tant qu'il n'aura pas satisfait à la nécessité du plus humble d'entre vous.

***Alors se leva l'un des magistrats*** de la ville et il dit : Parle-nous du Crime et du Châtiment.

Et il répondit, disant :

Quand votre esprit flotte sur le vent,

C'est alors que, seuls et irréfléchis, vous commettez une faute envers autrui et donc envers vous-mêmes.

Et la punition de cette faute est que vous frappiez à la porte des justes et que, méprisés, vous attendiez un peu qu'on vous ouvre ?


Pareil à l'océan est votre moi divin.

Pur à jamais.

Et, comme l'éther, il ne porte que ceux qui ont des ailes.

Bien plutôt semblable au soleil est votre moi divin.

Il ne connaît pas les galeries de la taupe ni ne cherche les trous du serpent.

Mais votre moi divin ne séjourne pas seul dans votre être.

Car de vous une grande partie n'est qu'humaine seulement et de vous une grande partie n'est pas encore humaine,

Et celle-ci n'est qu'un pygmée difforme qui s'avance endormi dans la brume, quêtant son propre éveil.

Or moi, c'est de l'homme en vous que je voudrais maintenant parler.

Car c'est lui, et non pas votre moi divin, ni non plus le pygmée dans la brume, qui sait le crime et le châtiment du crime.


Souvent je vous ai entendu parler du malfaiteur comme s'il n'était pas l'un des vôtres, mais seulement l'étranger parmi vous et l'intrus dans votre univers.

Or moi, je vous dis : De même que le saint et le juste ne peuvent s'élever plus haut que ce qu'il y a de plus haut en chacun de vous,

Ainsi le mauvais et le faible ne peuvent tomber plus bas que ce qu'il y a de plus bas en vous.

De même que la feuille ne jaunit qu'avec la silencieuse complicité de tout l'arbre,

Ainsi le malfaiteur ne commet sa faute qu'avec la secrète volonté de vous tous.

Comme en cortège, vous vous avancez à la rencontre de votre moi divin.

Vous êtes le chemin et vous êtes les gens en chemin.

Et quand l'un d'entre vous tombe, il tombe au nom de ceux qui viennent derrière lui, les prévenant d'une pierre d'achoppement.

Oui, et il tombe au nom de ceux qui le précèdent qui, leur pied fût-il plus rapide et plus affermi que le sien, n'ont pas repoussé la pierre.


Ceci encore, dût ma parole rendre lourds vos cœurs :

L'assassiné n'est pas irresponsable de son propre assassinat,

Et le volé n'est pas irréprochable du vol subi ;

Le juste n'est pas innocent des actes de l'injuste.

Et celui dont les mains sont propres n'est pas indemne des agissements du félon.

Oui, il advient souvent que l'agresseur soit la victime de l'agressé.

Bien plus, il advient souvent que le condamné ne soit que celui qui porte le fardeau en lieu et place de l'innocent et de l'irréprochable.

Vous ne pouvez distinguer l'équitable de l'inique, le bon du mauvais,

Car ils se tiennent ensemble à la face du soleil comme se tissent ensemble le fil blanc et le fil noir.

Et si le fil noir vient à se rompre, le tisserand vérifie la pièce entière, et il examine en outre le métier à tisser.


Si l'un d'entre vous met en accusation l'épouse infidèle,

Qu'il pèse aussi le cœur de l'époux à la même balance et prenne mesure de son âme avec les mêmes mesures.

Et celui qui veut châtier l'offenseur se doit aussi de sonder l'âme de l'offensé.

Et s'il revient à l'un d'entre vous de punir au nom de la rectitude, et de porter la hache contre un arbre corrompu, qu'il considère de celui-ci également les racines,

Il s'apercevra vite que les bonnes et les mauvaises parmi elles, les fructifiantes et les stériles, s'enchevêtrent dans le sein tranquille de la terre.

Et vous, ô juges, qui prétendez à la justice,

Quel jugement porteriez-vous sur celui qui est honnête en apparence alors qu'il est malhonnête en esprit ?

De quel châtiment useriez-vous contre celui qui fait tuerie du corps alors qu'il est lui-même tué dans l'âme ?

Et comment jugeriez-vous celui dont la conduite est mensongère et oppressive,

Alors qu'il est lui-même opprimé et humilié ?


Et comment puniriez-vous ceux dont le repentir s'avère déjà plus fort que les méfaits ?

Le repentir n'est-il pas la juste punition voulue par la loi, celle même que vous prétendez servir ?

Or vous ne pouvez faire descendre le repentir sur l'innocent non plus que l'arracher du cœur du coupable.

De lui-même il se met à crier dans la nuit jusqu'à ce que le gens se réveillent et fassent leur examen de conscience.

Et vous qui souhaitez comprendre la justice, comment y parviendriez-vous si vous ne placez pas la totalité des actions en pleine lumière ?

Alors seulement vous saurez que l'homme accompli et l'homme déchu ne sont qu'une seule personne, et qui se tient debout dans le clair-obscur entre la nuit de son moi-pygmée et le plein jour de son moi-dieu,

Et que la pierre d'angle du sanctuaire n'est pas plus haute que la plus basse pierre de ses assises.

*Alors un juriste lui dit :* Et de nos Lois, quoi donc, ô Maître ?

Et il répondit :

Vous prenez plaisir à établir des lois.

Mais vous prenez plus grand plaisir à les casser.

Comme des enfants jouant au bord de l'océan, et qui édifient soigneusement des châteaux de sable puis les détruisent en éclatant de rire.

Et tandis que vous édifiez ces châteaux de sable, l'océan arrive avec plus de sable encore et quand vous les détruisez, l'océan éclate de rire avec vous.

En vérité, l'océan toujours est plein d'éclats de rire pour l'innocent.


Mais que dire de ceux-là dont la vie n'est pas un océan, et pour qui les lois façonnées par l'homme ne sont pas des châteaux de sable,

La vie n'étant pour eux que roc, et la loi que ciseau pour graver cette loi dans le roc à leur semblance ?

Que dire de l'estropié qui hait les danseurs ?

Et que dire du bœuf qui aime son joug et pour qui le cerf des forêts et son daim ne sont que vagabondes créatures égarées ?

Que dire du vieux serpent qui, ne parvenant pas à dépouiller sa peau, fait honte à ses congénères de leur nudité et de leur impudeur ?

Et que dire de celui, tôt venu à la noce, qui après s'être repu jusqu'à plus faim, repart en affirmant que toute fête est une transgression et tout festoyeur un transgresseur ?


Que dirai-je de ceux-là sinon qu'eux aussi se tiennent au soleil, mais en lui tournant le dos ?

Ils ne voient que leurs ombres et leurs ombres leur sont lois.

Et le soleil leur est-il rien d'autre qu'un projecteur d'ombres ?

Et qu'est donc l'asservissement aux lois sinon, dos courbé, le tracé de ces ombres sur le sol ?

Mais vous qui vous marchez face au soleil, quelles ombres projetées sur le sol pourraient vous contraindre ?

Vous qui voyagez avec le vent, quelle girouette vous dicterait votre trajet ?

Quelle loi édictée par l'homme pourrait vous asservir si vous brisez votre joug mais sans le faire contre la porte d'une prison d'homme ?

Quelles lois craindriez-vous si vous dansez sans trébucher libre de toute chaîne faite de main d'homme ?

Et qui pourrait vous traîner en justice si vous vous dépouillez de vos habits loin de tout chemin fréquenté par quelque homme ?


Ô gens d'Orphalèse, vous pouvez bien voiler le tambour et détendre les cordes de la lyre, qui réussira pour autant à empêcher l'alouette de chanter ?

*Et un orateur lui dit :* Parle-nous de la Liberté.

Et il répondit :

Je vous ai vus à la porte de la ville, et dans vos foyers, vous prosternant pour adorer votre propre liberté,

Comme font les esclaves qui s'humilient devant le tyran et le glorifient tandis qu'il les élimine.

Oui, j'ai aperçu dans la futaie du temple et à l'ombre de la forteresse les plus libres d'entre vous porter leur liberté comme un joug sur leur nuque et comme menottes à leurs poignets.

En moi le cœur se mit à saigner, car vous ne sauriez être libres tant que votre désir de liberté ne s'est pas transformé pour vous en attelle et tant que vous n'aurez cessé de parler d'elle comme d'un but et d'un accomplissement.


Vous serez libres, en vérité, non pas quand vos jours seront sans souci et vos nuits sans frustration ni chagrin,

Mais quand toutes ces choses assiégeront votre vie et que vous les surmonterez nus et délivrés.


Et comment vous élèveriez-vous au-dessus de vos jours et de vos nuits si vous ne brisez les chaînes avec lesquelles vous avez entravé votre midi depuis l'aube en vous de la conscience ?

En vérité, ce que vous nommez liberté est la plus forte de ces chaînes, lors même que ses anneaux brillent au soleil, éblouissant vos yeux.


N'est-ce point fragments de votre être, cela que vous rejetez en vue d'être libres ?

Si c'est une loi inique dont vous souhaitez l'abolition, dites-vous que c'est une loi que vous avez vous-mêmes, et de votre propre main, inscrite sur votre front.

Vous ne sauriez l'effacer en brûlant les codes ou en lavant, fût-ce de toute l'eau de la mer, le front de vos juges.

Et si c'est un tyran que vous souhaitez abattre, assurez-vous d'abord que vous avez détruit le trône qu'en vous-mêmes vous lui avez dressé.

Car comment un tyran pourrait-il gouverner les orgueilleux et les libres, si n'était au cœur de leur liberté une servitude et au sein de leur orgueil un avilissement.

Et si c'est un souci que vous souhaitez écarter de vous, il reste que c'est vous qui l'avez choisi et qu'il ne vous fut pas imposé.

Et si c'est une frayeur que vous voulez rejeter loin de vous, il reste que le lieu de cette frayeur est dans votre cœur, non dans la main de ce qui vous effraie.


En vérité, toutes choses se meuvent au sein de votre être en une persistante semi-étreinte : les désirées et les redoutées, les abhorrées et les aimées, les recherchées et celles que vous souhaitez fuir.

Toutes choses se meuvent en vous, ombres et lumières, comme couples enlacés.

Et quand l'ombre s'atténue et se dissipe, la lumière qui s'attarde devient l'ombre d'une autre lumière.

Ainsi en est-il de votre liberté qui, à perdre ses entraves, devient elle-même l'entrave d'une liberté plus grande.

***Et la devineresse prit*** la parole à nouveau, disant : Parle-nous de la Raison et de la Passion.

Et il répondit, disant :

Bien des fois votre âme est un champ de bataille en qui luttent votre bon sens et votre raison contre votre passion et votre appétence.

Si seulement je pouvais devenir pour votre âme un pacificateur, convertissant vos éléments contradictoires et discordants en unité et en harmonie !

Mais comment le pourrais-je, si vous-mêmes n'êtes pas aussi des faiseurs de paix et, bien plus, si vous n'aimez de vous-mêmes tous les éléments ?


Votre raison et votre passion sont le gouvernail et la voilure de votre âme navigatrice.

Si votre voile part en lambeaux ou si votre gouvernail se brise, les vagues se joueront de vous et vous dériverez, ou bien vous camperez en pleine mer.

Car la raison, si seule elle prédomine, est une force limitée ; et la passion, si elle se laisse aller, rien qu'une flamme qui brûle jusqu'à se consumer elle-même.

Que donc votre âme jusqu'au sommet de la passion exalte votre raison au point que celle-ci chante.

Et laissez la raison gouverner votre passion jusqu'à ce que votre passion vive sa quotidienne résurrection et, tel le phénix, renaisse de ses cendres.


Je voudrais que vous considériez votre sagesse et votre appétence comme, en votre maison, vous le feriez de deux hôtes qui vous sont chers.

Certes, vous ne sauriez traiter dignement l'un des deux à l'exclusion de l'autre car, si vous marquiez une préférence, vous perdriez leur confiance et leur affection à tous deux.

Quand, par les collines, vous vous asseyez à l'ombre fraîche des peupliers blancs, partageant la sérénité et le calme des champs lointains et des prairies, que votre cœur dise silencieusement : "Dieu se repose dans la raison".

Et quand se lève la tempête, qu'un vent puissant malmène la forêt et que le tonnerre et l'éclair proclament la majesté du ciel, que votre cœur dise avec une crainte révérentielle : "Dieu s'active dans la passion".

Et du moment que vous n'êtes que souffle de la sphère de Dieu et feuille de la forêt de Dieu, vous devez, vous aussi, vous reposer dans la raison et vous activer dans la passion.

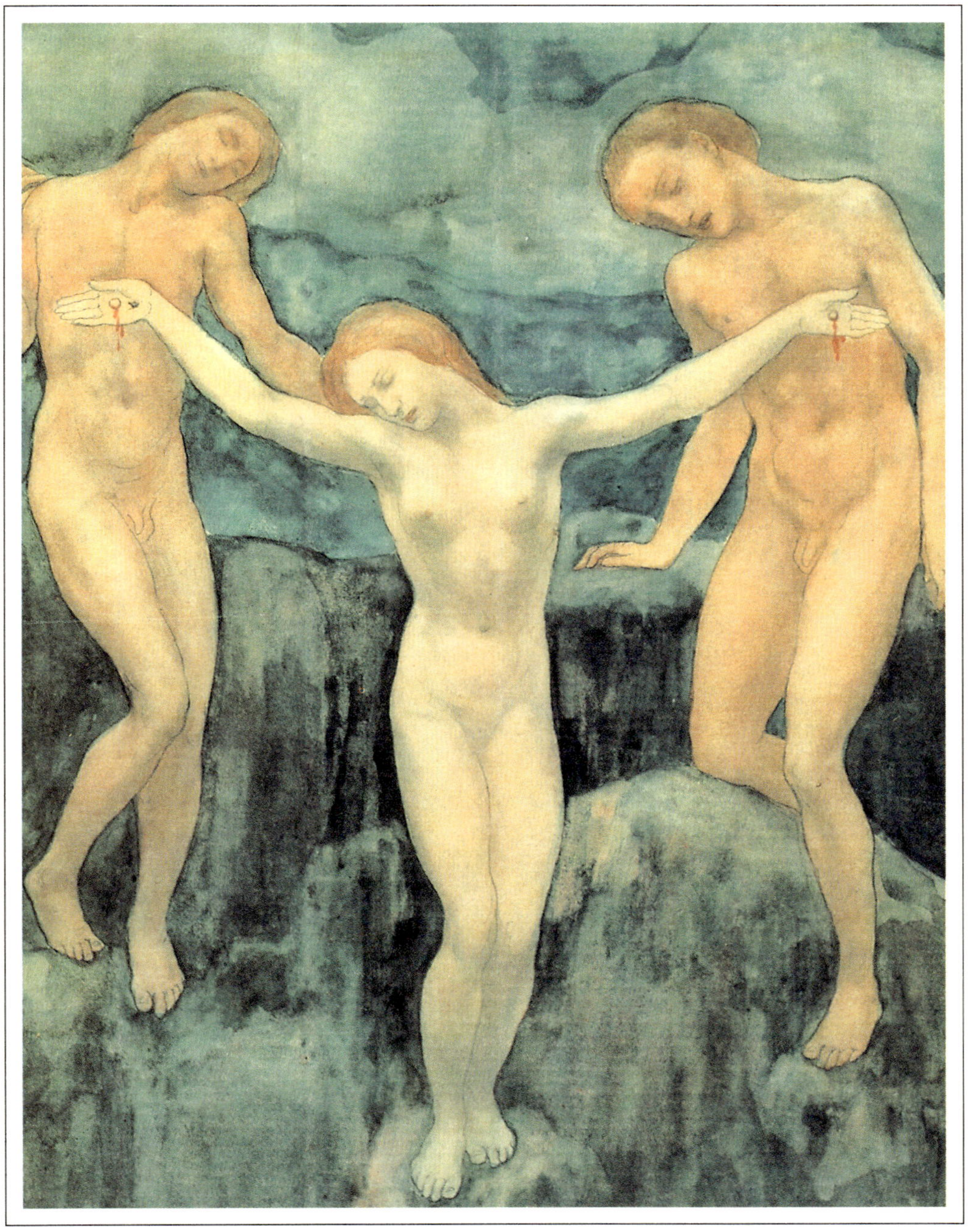

*Et une femme parla,* disant : Parle-nous de la Douleur.

Et il dit :

Votre douleur est ce par quoi se brise la coquille de votre entendement.

Et comme il faut que le noyau du fruit se rompe pour que le cœur du fruit s'offre au soleil, ainsi vous faut-il connaître la douleur.

Et si vous avez su maintenir votre cœur dans l'état d'émerveillement devant les miracles de votre existence quotidienne, votre douleur ne vous semblera pas moins émerveillante que votre joie.

Et, ainsi, vous céderez devant les saisons de votre cœur comme vous avez toujours cédé devant les saisons qui passent sur vos champs.

Et vous veillerez sereinement à travers les hivers de votre peine.


Beaucoup de votre douleur est l'effet de votre propre choix.

C'est le remède amer adopté par le médecin qui est en vous pour soigner votre moi malade.

Ayez foi en ce médecin et buvez son remède en silence, paisiblement :

Parce que sa main, fût-elle dure et pesante, est guidée par la main bienveillante de l'Invisible.

Et la coupe qu'il vous tend, si même elle enflamme vos lèvres, est faite d'une argile trempée aux larmes saintes du Potier.

*Et un homme dit :* Parle-nous de la Connaissance de soi.

Et il répondit, disant :

Vos cœurs connaissent silencieusement les secrets des jours et des nuits.

Mais vos oreilles aspirent à entendre l'écho du savoir qui est en votre cœur.

Vous voudriez entendre formulé par la parole ce que vous avez toujours su en pensée.

Vous voudriez toucher de vos doigts le corps nu de vos songes.


Et c'est bien qu'il en soit ainsi.

La source cachée de votre âme doit jaillir et se diriger murmurante vers la mer ;

Et doit se dévoiler à vos yeux le trésor de vos infinis abîmes.

Mais ne dressez point de balance pour y peser votre inconnu trésor,

Et ne mesurez point les gouffres de votre connaissance par perche ou sonde,

Car le moi est une mer sans borne et sans mesure.


Ne dites pas : "J'ai trouvé la vérité", mais plutôt : "J'ai trouvé une vérité".

Ne dites pas : "J'ai trouvé le chemin de l'âme", mais plutôt : "J'ai trouvé l'âme qui chemine sur ma route".

Parce que l'âme fait route par tous les chemins.

L'âme n'avance pas droit sur un fil, ni ne croît comme un roseau.

L'âme s'ouvre à elle-même comme un lotus aux innombrables pétales.

*Puis un maître lui dit :* Parle-nous de l'Enseignement.

Et il dit :

Personne ne peut rien vous révéler qui ne soit déjà présent, à demi endormi, dans la montée de l'aube de votre connaissance.

Le maître qui chemine à l'ombre du temple, parmi ses disciples, ne donne pas de sa sagesse, mais plutôt de sa foi et de son amour.

S'il est véritablement sage, il ne vous ordonnera pas de pénétrer dans la maison de sa sagesse, mais plutôt il vous guidera jusqu'au seuil de votre propre entendement.

À l'astronome, il appartient de vous entretenir de son intelligence de l'espace, mais il ne peut vous faire don d'une telle intelligence.

Et au musicien, il appartient de vous interpréter un fragment de la partition présente par tout l'espace, mais il ne peut vous faire don de l'ouïe qui capte ce rythme ni de la voix qui lui fait écho.

Et celui qui est versé dans la science des nombres peut vous décrire l'univers des poids et mesures, mais il ne peut vous conduire à lui.

Parce que la vision d'un homme ne peut prêter ses ailes à la vision d'un autre homme.

Et de même que chacun de vous se dresse solitairement dans la connaissance que Dieu a de lui, de même doit-il rester seul dans sa connaissance de Dieu et dans son intelligence de la terre.

*Et un adolescent dit :* Parle-nous de l'Amitié.

Et il répondit, disant :

Votre ami est votre besoin déjà comblé.

Il est le champ qu'avec amour vous ensemencez, et que vous moissonnez avec gratitude.

Et il est votre table mise et le feu de votre foyer.

Parce que vous venez à lui affamé et que vous le recherchez pour la quiétude.


Quand votre ami vous ouvre le fond de sa pensée, ne craignez pas de le contredire en conscience ni non plus d'aller dans son sens.

Et s'il est silencieux, que votre cœur ne cesse pas d'écouter son cœur :

Parce que toutes pensées, dans l'amitié, et tous désirs, et tous espoirs, naissent et sont partagés sans paroles, dans une joie discrète.

Lorsque vous devez vous séparer de votre ami, ne vous désolez pas.

Parce que l'essentiel de ce que vous aimez en lui sera peut-être encore plus transparent en son absence, comme est plus visible au grimpeur la montagne vue de la plaine.

Et qu'il n'y ait pas d'autre dessein à l'amitié que l'approfondissement spirituel.

Parce que l'amour qui cherche autre chose que de mettre au jour son secret n'est pas l'amour mais un filet lancé à une prise inutile.


Et que le meilleur en vous soit pour votre ami.

S'il lui faut connaître le reflux de votre marée, qu'il en connaisse également le flux.

Car que serait un ami auquel vous ne feriez appel que pour tuer le temps ?

Allez plutôt vers lui chaque fois que vous disposez d'heures fortes à vivre.

Son rôle est de combler votre nécessité, non le vide.

Et dans l'enchantement de l'amitié, riez et partagez les plaisirs.

Car c'est dans la rosée des choses petites que le cœur trouve sa matinée et se ravive.

*Puis un lettré dit :* Parle-nous de la Parole.

Et il répondit, disant :

C'est quand vous n'êtes pas en paix avec vos pensées que vous vous mettez à parler ;

Et quand il vous devient pénible d'habiter la solitude de votre cœur, alors vous vous mettez à vivre sur vos lèvres, et votre voix n'est plus que divertissement et jeu.

Et dans bien de vos propos, la pensée gît quasi assassinée.

Car la pensée est un oiseau de l'espace qui, placée dans une cage de vocables, parvient un peu à déployer ses ailes mais non à s'envoler.


Parmi vous, il en est qui recherchent les bavards par crainte de la solitude.

Le silence de l'isolement dénonce à leurs yeux le dénuement de leur moi, qu'ils voudraient fuir.

Et il en est qui parlent et qui, hors de tout savoir ou préméditation, révèlent une vérité dont eux-mêmes ne saisissent pas le sens.

Et il en est qui possèdent intérieurement la vérité et ne la formulent pas en mots.

Dans le sein de ceux-ci séjourne l'âme en un silence cadencé.


Quand vous rencontrez votre ami au bord d'une route ou sur la place du marché, laissez l'âme en vous animer vos lèvres et inspirer votre langue,

Et que la voix qui est à l'intérieur de votre voix parle à l'écoute de son écoute,

Parce que son âme conservera la vérité de votre cœur, comme la mémoire garde la saveur d'un vin,

Alors même que la couleur s'en est perdue et que s'est évanouie la coupe.

*Puis un astronome dit :* Ô Maître, et quoi du Temps ?

Et il répondit :

Vous voudriez mesurer le temps qui n'a pas de mesure et qu'on ne saurait mesurer.

Vous voudriez régler votre conduite et, aussi bien, orienter le cours de votre âme selon les heures et les saisons.

Du temps, vous aimeriez faire un ruisseau et vous asseoir sur sa rive pour en regarder l'écoulement.


Mais l'intemporel en vous est conscient de l'intemporalité de la vie,

Et il sait qu'hier n'est que le souvenir d'aujourd'hui, et que demain n'est d'aujourd'hui que le songe.

Et que ce qui chante en vous et qui médite n'a pas fini d'habiter les limites de cet instant initial qui dissémina les astres dans l'espace.

Qui ne ressent parmi vous que sa capacité d'amour est sans limite ?

Et pourtant qui parmi vous ne sent que cet amour, pour illimité qu'il soit, est étroit au cœur de son être, et qu'il ne migre pas d'une pensée d'amour à une autre pensée d'amour ni d'un acte d'amour à d'autres actes d'amour ?

Or le temps n'est-il pas comme l'amour, non divisible et non mesurable ?


Mais si vous devez, en pensée, mesurer le temps par les saisons, faites en sorte que chaque saison contienne toutes les autres,

Et que le présent embrasse le passé par la vertu du souvenir et le futur par l'ardeur du désir.

*Et l'un des anciens de la cité dit :* Parle-nous du Bien et du Mal.

Et il répondit :

Du bien en vous, je peux parler, non du mal.

Car qu'est-ce que le mal sinon le bien torturé par sa propre faim et soif ?

En vérité, le bien, s'il a faim, recherche sa nourriture, même au sein de grottes ténébreuses, et s'il a soif, boit même à des eaux mortes.


Vous êtes des gens de bien si vous faites l'unité en vous-mêmes.

Mais si vous ne faites pas l'unité, ça ne veut pas dire que vous êtes de mauvaises gens.

Car le foyer désuni n'est pas un repaire de brigands, mais seulement un foyer désuni.

Et le navire sans gouvernail peut bien errer sans but entre de périlleux récifs, sans pour autant aller par le fond.


Vous êtes des gens de bien quand vous essayez de donner de vous-mêmes.

Mais vous n'êtes pas de mauvaises gens si vous recherchez le profit pour vous-mêmes.

Car quand vous recherchez ainsi le profit, vous n'êtes que racine qui s'agrippe à la terre pour lui téter le sein.

Le fruit ne peut certes dire à la racine :

Mûre et pleine, sois semblable à moi, et toujours donne abondamment.

Car pour le fruit donner est une nécessité comme est nécessité pour la racine de recueillir.

Vous êtes des gens de bien lorsque vous êtes pleinement lucides en parlant.

Mais vous n'êtes pas de mauvaises gens quand vous vous endormez et que vos langues délirent hasardeusement.

Car le balbutiement lui-même peut renforcer une langue mal assurée.


Vous êtes des gens de bien si vous cheminez vers votre but avec fermeté et d'un pas hardi.

Mais vous n'êtes pas de mauvaises gens si vous cheminez vers lui en claudiquant.

Même les boiteux ne vont pas leur chemin à reculons.

Mais vous, les forts et les agiles, ne boitez pas devant les estropiés en croyant que c'est de votre part grandeur d'âme.

Vous êtes de diverses façons des gens de bien, et vous n'êtes pas, à ne pas vous montrer bons, de mauvaises gens.

Vous n'êtes, ce faisant, que des nonchalants et des paresseux.

C'est grand dommage que les gazelles ne puissent enseigner aux tortues la vitesse.


Dans votre aspiration vers votre moi géant réside votre bien : et cette aspiration se trouve en chacun de vous.

Mais chez certains d'entre vous, elle est torrent, se ruant puissamment vers la mer, et emportant avec elle les secrets des collines et les chants des forêts.

Et chez d'autres elle n'est qu'un petit ruisseau folâtrant en tours et détours et s'alentissant avant d'atteindre le rivage.

Mais que celui dont l'aspiration est ardente ne dise pas à celui dont l'aspiration est médiocre : "Pourquoi es-tu si indécis et si lent ?"

Car ceux qui sont vraiment bons ne sauraient demander aux dénudés : "Où sont vos vêtements ?", ni aux sans-abri : "Qu'est-il advenu de votre maison ?"

*Alors une prêtresse dit :* Parle-nous de la Prière.

Et il répondit, disant :

Vous priez dans l'épreuve et dans la frustration. Que ne priez-vous également dans la plénitude de votre joie et en vos jours d'abondance.

La prière est-elle rien d'autre que l'expansion de votre être dans l'éther vivant ?

Et si vous trouvez du réconfort à répandre vos ténèbres dans l'espace, combien vous pourriez également vous réjouir d'y répandre l'aurore de votre cœur.

Et si vous ne pouvez que pleurer quand vous priez à l'appel de votre âme, puisse celle-ci vous aiguillonner encore et encore pour que, malgré vos pleurs, vous retrouviez le rire.

Lorsque vous priez, vous vous élevez jusqu'à rencontrer dans l'espace ceux qui prient en même temps que vous et que vous ne rencontrez que dans la prière.

Aussi, que votre visite à ce temple invisible ne soit que ravissement et tendre communion.

Car si vous entrez au temple dans l'intention de quémander, vous n'obtiendrez rien :

Et si vous y entrez pour vous humilier, vous ne serez pas relevés :

Et quand bien même vous y entreriez afin de solliciter des bienfaits pour autrui, vous ne serez pas entendus.

Qu'il vous soit suffisant d'entrer dans le temple invisible.

Je ne puis vous enseigner comment prier avec des mots.

Dieu n'accorde d'attention aux mots que si c'est Lui-même qui les profère à travers vos lèvres.

Et je ne puis vous enseigner la prière des mers et des forêts et des montagnes.

Mais vous qui êtes nés des montagnes et des forêts et des mers, vous trouverez leur prière dans votre cœur.

Et si vous prêtiez l'oreille à la sérénité de la nuit, vous l'entendriez dire en silence :

"Notre Dieu, qui est notre moi ailé, c'est ta volonté en nous qui veut,

C'est ton désir en nous qui désire,

Et c'est ton énergie en nous qui transforme nos nuits, à toi dédiées, en autant de jours, à toi dédiés également.

Nous ne pouvons rien te demander car tu connais nos besoins avant même qu'en nous ils naissent :

Tu es notre besoin et chaque fois que de ton être tu nous donnes, tu nous donnes tout".

***Ensuite s'avança un ermite*** qui, une fois l'an, s'en venait en ville, et il dit : Parle-nous du Plaisir.

Et il répondit, disant :

Le plaisir est le chant d'une liberté,

Mais non la liberté.

Il est la floraison de vos désirs,

Mais non leur fruit.

C'est une profondeur aspirant à une altitude,

N'étant lui-même ni profondeur ni altitude,

C'est l'encagé qui prend son envol,

Mais point n'est-il l'espace qui l'enserre.

Oui, en vérité, le plaisir est le chant d'une liberté.

Et volontiers je vous verrais le chanter de tout votre cœur sans, pour cela, que vous égariez vos cœurs dans le chant.


Parmi vos jeunes gens il en est qui recherchent le plaisir comme s'il était une fin en soi, et voici qu'on les juge et qu'on les tance.

Je ne voudrais ni les juger ni leur faire honte.

Je voudrais qu'ils cherchent.

Car ils trouveront le plaisir, mais non pas seul ;

Sept sont ses sœurs dont la moindre a plus de beauté que lui.

N'avez-vous pas entendu parler de celui qui, grattant le sol en quête de racines, a trouvé un trésor ?


Et parmi vos anciens, il en est qui se souviennent de leurs plaisirs avec remords comme de fautes commises dans l'ébriété.

Mais le remords trouble la limpidité de l'esprit sans lui être punition.

Qu'ils se souviennent plutôt avec gratitude de leurs plaisirs, comme si c'était une moisson d'été.

Mais s'il se trouve que le remords leur est consolation, alors qu'il les console.

Et parmi vous, il en est qui ne sont ni assez jeunes pour chercher ni assez vieux pour se souvenir ;

Et dans leur crainte de chercher ou de se souvenir, ils se détournent de tout plaisir, pour éviter de négliger l'âme ou risquer de lui faire du tort.

Mais c'est dans ce détour lui-même que réside leur plaisir.

Ainsi, eux aussi, trouvent-ils un trésor bien que, de leurs mains tremblantes, ils grattent le sol pour déterrer des racines.

Or, dites-moi, qu'est-ce qui pourrait faire du tort à l'âme ?

Le rossignol fait-il du tort à la sérénité de la nuit, la luciole fait-elle du tort aux étoiles ?

Et votre flamme ou votre fumée constituent-elles un poids pour le vent ?

Estimez-vous que l'âme ne soit qu'un étang calme que vous puissiez troubler avec un bâton ?

Dans la privation de plaisir que vous vous imposez, vous ne faites le plus souvent qu'entasser désir sur désir dans les replis de votre être.

Qui sait si ce qui est aujourd'hui en jachère n'est pas en attente du lendemain.

Votre corps de par lui-même sait ce dont il procède et il connaît son légitime besoin dont il ne se laissera pas déposséder.

Votre corps n'est que la harpe de votre âme.

Et c'est à vous qu'il revient d'en tirer accords mélodieux ou sons désaccordés.


Et, à présent, vous vous dites en votre cœur : "Comment distinguer dans le plaisir ce qui est bon de ce qui ne l'est pas ?"

Allez à vos champs et à vos jardins, vous y apprendrez que le plaisir de l'abeille est de se saisir du miel de la fleur,

Comme le plaisir de la fleur est faire don à l'abeille de son miel.

Parce que la fleur est pour l'abeille source de vie,

Et que pour la fleur c'est une messagère d'amour que l'abeille,

Et pour l'une et l'autre, abeille et fleur, offrir le plaisir et le recevoir sont nécessité et ravissement.


Gens d'Orphalèse, soyez dans vos plaisirs semblables aux fleurs et aux abeilles.

*Et un poète dit :* Parle-nous de la Beauté.

Et il répondit :

Où chercheriez-vous la beauté et comment la trouveriez-vous si elle ne vous est pas elle-même voie et guidance ?

Et comment pourriez-vous l'évoquer si elle ne se fait pas elle-même tisserande de vos paroles ?


Les mélancoliques et les endoloris disent :

"La beauté est bonne et elle est aimable.

Comme une jeune mère tout embarrassée de sa gloire en se frayant un chemin parmi nous".

Et les passionnés disent : "Non, la beauté est impérieuse et terrible,

Semblable à la tempête qui ébranle la terre sous nos pieds et le ciel au-dessus de nos têtes".


Et disent ceux qui sont languides et las :

"La beauté est faite de tendres murmures.

Elle parle en notre âme.

Sa voix fléchit devant nos silences comme une pâle lumière qui vacille dans son effroi de l'ombre".

Et les agités disent : "Nous l'avons entendue qui criait dans les montagnes,

Et avec ses cris nous arrivaient le martèlement des sabots et le battement des ailes et le rugissement des lions".


À la tombée de la nuit, les vigiles de la cité disent : "La beauté se lèvera à l'orient avec l'aurore".

Et, à midi, les ouvriers et les voyageurs disent : "Nous l'avons vue se pencher vers la terre à travers les fenêtres du couchant".

En hiver, les captifs des neiges disent :

"Elle viendra avec le printemps en bondissant sur les collines".

Et, dans la chaleur de l'été, les moissonneurs disent : "Nous l'avons vue qui valsait avec les feuilles d'automne, et nous avons aperçu de la poudre de neige dans ses cheveux".

Tout cela, vous l'avez dit de la beauté ;

Mais, en vérité, ce n'est pas d'elle que vous parliez mais plutôt de besoins en vous inassouvis.

Or, la beauté n'est pas besoin mais ravissement.

Elle n'est pas bouche assoiffée ou main vainement tendue.

Mais plutôt âme ensorcelée et cœur en flamme.

Elle n'est pas l'image que vous voudriez voir, ni le chant que vous aimeriez entendre,

Mais une image que vous voyez même en fermant les yeux et un chant que vous entendez même en vous bouchant les oreilles.

Elle n'est pas la sève sous l'écorce ridée ni l'aile saisie par une griffe,

Mais plutôt un jardin toujours fleuri et une cohorte d'anges perpétuellement en vol.

Ô gens d'Orphalèse, la beauté c'est la vie quand la vie dévoile la sainteté de son visage.

Mais c'est vous qui êtes la vie et c'est vous qui êtes le voile.

La beauté, c'est l'éternité contemplant ce qu'elle est dans un miroir.

Mais c'est vous l'éternité et vous le miroir.

*Et un vieux prêtre dit :* Parle-nous de la Religion.

Et il répondit :

Ai-je donc, aujourd'hui, parlé d'autre chose ?

La religion n'est-elle pas tout agissement et toute pensée,

Et tout cela qui n'est ni pensée ni agissement, mais émerveillement et surprise en constant jaillissement dans l'âme, lors même que les mains s'emploient à tailler la pierre ou à manier le métier à tisser ?

Qui peut isoler sa foi de ses actions, ou sa croyance de ses occupations ?

Qui peut étaler devant lui les heures de son existence en déclarant : "Ceci est à Dieu et cela est à moi, ceci est pour mon âme et cela pour mon corps ?"

Toutes vos heures sont des ailes qui battent l'air entre tel moi et tel autre moi.


Celui qui se vêt de sa vertu comme il se vêtirait du plus somptueux de ses habits, mieux vaudrait qu'il reste nu.

Vent ni soleil ne lacéreront sa peau.

Et celui qui règle sa conduite sur les principes de la morale retient son oiseau chanteur dans une cage.

La plus libre chanson ne saurait traverser barreaux et grillages.

Et celui qui estime que l'adoration est une fenêtre, à ouvrir mais également à fermer, n'a pas encore visité la maison de son âme qui garde ouvertes ses fenêtres d'une aube à l'autre.


Votre vie quotidienne est votre sanctuaire et votre religion.

Chaque fois que vous y pénétrez, prenez avec vous tout ce qui vous appartient.

Prenez la charrue et la forge et le maillet et le luth,

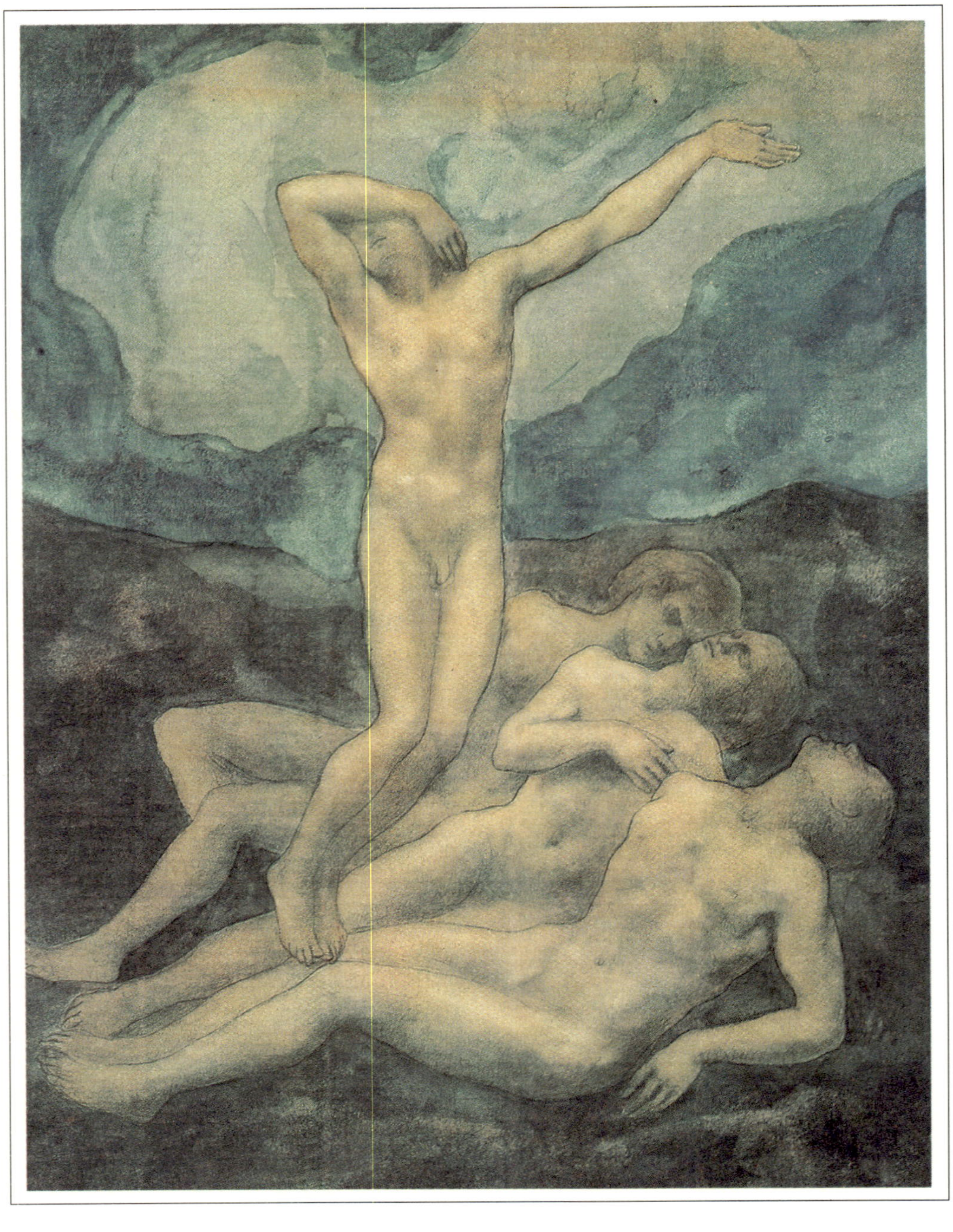

Et tous objets que vous avez créés par nécessité ou par plaisir.

Parce que, dans le songe, vous ne sauriez vous élever plus haut que vos exploits ni vous abaisser plus bas que vos défaites.

Et prenez avec vous tous les hommes :

Parce que, dans votre adoration, vous ne sauriez voler plus haut que leurs espérances ni non plus vous abaisser plus bas que leur désespoir.


Et si vous voulez connaître Dieu, ne vous souciez pas de résoudre des énigmes.

Bien plutôt regardez autour de vous et vous Le verrez en train de jouer avec vos enfants.

Et levez vos yeux vers l'espace, vous Le verrez se déplacer dans le nuage, étendant ses bras dans l'éclair et tombant avec la pluie.

Et vous Le verrez sourire dans les fleurs, puis, se dressant, agiter Ses mains dans les arbres.

***Alors Al-Mitra prit la parole,*** disant : Nous souhaitons maintenant t'interroger sur la Mort.

Et il répondit :

Vous voudriez connaître le secret de la mort.

Mais comment le découvririez-vous si vous ne le pourchassez au cœur même de la vie ?

La chouette dont les yeux nyctalopes sont aveugles au jour ne peut résoudre l'énigme de la lumière.

Si vraiment vous souhaitez percevoir la nature de la mort, faites que vos cœurs s'ouvrent largement au corps de la vie.

Parce que vie et mort ne font qu'un, comme océan et fleuve.


Au tréfonds de vos espérances et de vos désirs réside votre silencieux savoir de l'au-delà.

Et comme les graines qui rêvent sous la neige, votre cœur rêve du printemps.

Ayez foi dans les rêves car en eux se cache la porte de l'éternité.

Votre effroi devant la mort n'est que le tremblement du berger quand il se tient devant le roi de qui la main va se poser sur lui pour l'honorer.

Le berger, pour tremblant qu'il soit, ne se réjouit-il pas d'être appelé à porter l'insigne du roi ?

Et, ce faisant, en est-il moins conscient du tremblement dont il est saisi ?


Puis qu'est-ce donc que mourir sinon se dresser nu dans le vent et s'abîmer dans le soleil ?

Et qu'est-ce que cesser de respirer sinon libérer le souffle du trouble de son flux et reflux, afin qu'il puisse s'élever et s'exalter et s'en aller désentravé vers Dieu ?

C'est seulement quand vous vous serez désaltérés à même le fleuve du silence que vous chanterez.

Et c'est seulement quand vous aurez atteint la cime de la montagne que vous commencerez votre ascension.

Et c'est seulement quand la terre aura réclamé vos membres que véritablement vous danserez.

*Puis* le soir tomba.

Et la devineresse Al-Mitra dit : Béni soit ce jour, et béni ce lieu, et béni ton esprit quand il parla.

Et il répondit, disant : Est-ce moi qui ai parlé ?

N'étais-je pas aussi de ceux qui écoutèrent ?


Puis, il descendit les marches du Temple et la foule le suivit. Et il rejoignit son navire et se tint sur le pont.

Et, fixant à nouveau la foule, il éleva la voix, disant :

Ô gens d'Orphalèse, le vent m'ordonne de partir loin de vous.

Moins pressé que le vent, je dois pourtant partir.

Nous, les errants, qui toujours recherchons le chemin le plus solitaire, jamais nous ne commençons une journée là où nous avons fini la précédente ; et le soleil levant ne nous retrouve pas là où le soleil couchant nous avait laissés.

Et même quand la terre est endormie, nous voyageons.

Nous sommes les graines de la plante tenace et c'est en notre mûrissement et en la plénitude de notre cœur que nous sommes livrés au vent et dispersés.


Brefs ont été mes jours parmi vous et plus brèves encore les paroles que j'ai dites.

Mais si ma voix devait s'estomper en vos oreilles et mon amour s'évanouir en vos mémoires, alors je reviendrais.

Et d'un cœur enrichi et de deux lèvres plus dociles à l'esprit je parlerais.

Oui, je reviendrais avec la marée montante.

Et même absorbé par la mort et enveloppé du plus insondable silence, je viendrais solliciter à nouveau votre compréhension.

Et je ne solliciterais pas en vain.

Si donc est véridique le peu que je vous ai dit, cette vérité s'énoncera alors d'une voix plus claire et en des mots plus proches de votre entendement.

Je pars avec le vent, ô gens d'Orphalèse, mais non vers le gouffre du vide.

Et si le jour d'aujourd'hui ne porte pas accomplissement de vos vœux ni de mon amour, qu'il soit du moins promesse d'un autre jour.

Les vœux de l'homme varient, mais non son amour, ni son désir de voir son amour parfaire ses vœux.

Apprenez donc que du sein du plus insondable silence je reviendrais.

Le brouillard qui se dissipe à l'aube, laissant de la rosée sur les champs, se lèvera et se rassemblera en nuage puis il retombera en pluie.

Et brouillard, moi aussi, je le fus.

Dans la sérénité de la nuit, j'ai cheminé dans vos rues et mon âme est entrée dans vos maisons.

Et les battements de vos cœurs résonnaient dans mon cœur, et votre souffle était sur mon visage, et je vous ai tous connus.

Oui, j'ai connu votre joie et votre souffrance, et dans votre sommeil vos songes étaient mes songes.

Et souvent j'ai été parmi vous un lac de montagne.

Et j'ai miré vos sommets et l'inclinaison de vos pentes et même les troupeaux fugitifs de vos pensées et de vos désirs.

Et vers mon silence affluaient, ruisselets, les rires de vos enfants et, rivières, les ardeurs de vos jeunes gens.

Et quand ils eurent rejoint mes profondeurs, ni les ruisselets ni les rivières n'ont interrompu leur chant.

Mais quelque chose de plus tendre que le rire et de plus fort que l'ardeur est arrivé jusqu'à moi.

C'est l'illimité qui est en vous :

L'homme vaste en qui vous n'êtes que cellules et que nerfs,

Et dans le chant duquel votre chanson n'est qu'une vibration sans voix.

C'est dans l'homme vaste que vous êtes vastes,

Et c'est dans sa contemplation que je vous ai contemplés et aimés.

Car quelles distances l'amour peut-il atteindre qui ne soient contenues dans cette immense sphère ?

Quelles visions, quelles espérances et quelles virtualités pourraient-elles se dépasser dans cet envol ?

Pareil au puissant chêne couvert des bourgeons du pommier, ainsi est en vous l'homme de la vastitude.

Sa puissance vous tire vers la terre et son parfum vous élève dans l'espace et dans sa pérennité vous êtes immortels.

Il vous a été dit : Seriez-vous semblable à une chaîne, vous en êtes le plus faible des maillons.

Mais ce n'est là que semi-vérité. Vous en êtes aussi le maillon le plus fort.

Prendre votre mesure d'après ce que vous auriez commis de plus insignifiant, c'est comme de mesurer la force de l'océan à l'inconsistance de son écume.

Et vous juger sur vos égarements, c'est comme de reprocher aux saisons leur inconstance.

Oui, vous êtes pareils à l'océan.

Et bien que des navires alourdis attendent la marée montante à vos rivages, vous ne pouvez, seriez-vous l'océan, accélérer la montée du flux.

Et vous êtes également pareils aux saisons.

Et bien qu'en votre hiver vous récusiez votre printemps,

Le printemps qui repose en vous sourit dans son demi-sommeil, guère assombri.

Ne croyez pas que j'énonce cela pour que vous vous disiez les uns aux autres : "Il a fait excellemment notre éloge, il n'a vu en nous que le bien".

Je ne vous dis en paroles que ce que vous connaissez en esprit.

Et quel est le savoir qui se formule en paroles sinon l'ombre d'un savoir sans paroles ?

Vos pensées et mes paroles sont les ondes d'une mémoire scellée conservant les traces de nos hiers,

Ainsi que celles des jours anciens quand la terre ne nous connaissait pas ni ne se connaissait elle-même,

Et des nuits quand elle se contractait dans le chaos.


Des sages sont venus à vous pour vous donner de leur sagesse. Moi, de votre sagesse, je suis venu prendre.

Et voilà que j'ai trouvé plus essentiel que la sagesse.

L'âme qui en vous flamboie et qui sans cesse s'augmente de son propre feu,

Alors qu'aveugles à son accroissement, vous vous lamentez sur le flétrissement de vos jours.

C'est la vie en quête de la vie dans des corps qui redoutent la tombe.

Ici, point de tombes.

Ces montagnes et ces plaines sont berceau et tremplin.

Chaque fois que vous passerez par le champ où vous avez enterré vos ancêtres, contemplez-le intensément et vous vous y verrez et vos enfants, dansant main dans la main.

En vérité, souvent vous êtes heureux sans vous en rendre compte.

D'autres sont venus à vous et contre les promesses dorées faites à votre bonne foi, vous leur avez donné richesse, puissance et gloire.

Je vous ai donné moins qu'une promesse et vous avez été pourtant plus généreux envers moi.

Vous m'avez donné ma soif de vie la plus profonde.

Certes, il n'est d'offrande plus précieuse à l'homme que celle qui fait de tous ses désirs lèvres altérées et de toute vie une fontaine.

Et en ceci résident mon bonheur et ma récompense,

Que chaque fois que je viens me désaltérer à la fontaine, j'y trouve l'eau vive elle-même altérée,

Et de moi elle s'abreuve tandis que je la bois.

Certains parmi vous m'ont jugé orgueilleux et trop réservé pour accepter des dons.

De fait, à cause de ma fierté, je n'aurais pu accepter de salaire, mais des dons seulement.

Et bien que je me sois nourri des baies sauvages des collines, lors même que vous auriez souhaité me voir prendre place à votre table,

Et bien que j'aie dormi sous le portique du temple, lors même que vous vous seriez réjouis de m'accorder refuge,

N'est-ce pas votre tendre sollicitude au sujet de mes jours et de mes nuits qui fit savoureuse à ma bouche la nourriture et qui entoura mon sommeil de visions ?

De ceci, je vous bénis encore plus :

Vous donnez beaucoup et ne savez nullement que vous donnez.

En vérité, la compassion qui se contemple dans un miroir devient pierre,

Et l'action généreuse qui s'accorde à elle-même des noms délicats s'apparente à la malédiction.

Et certains parmi vous m'ont affirmé distant et de ma propre solitude enivré,

Et vous avez dit : "Il tient conseil avec les arbres de la forêt, de préférence aux hommes.

Il s'assied solitaire au sommet des collines, et il regarde notre ville d'en haut".

Il est vrai que j'ai gravi les collines et cheminé par les lointains.

Comment aurais-je pu mieux vous voir sinon à partir d'une grande altitude ou à travers une vaste distance ?

Comment, en vérité, quelqu'un pourrait-il être près s'il n'est loin ?

Et certains parmi vous ont lancé vers moi des appels muets qui disaient :

"Étranger, étranger, amoureux des hauteurs inaccessibles, pourquoi habites-tu les cimes, là où les aigles font leurs nids ?

Pourquoi recherches-tu l'inatteignable ?

Quels orages veux-tu prendre à tes filets ?

Et quels oiseaux éthérés dans l'espace ?

Viens donc et sois des nôtres.

Descends vers nous et repais-toi de notre pain et, de notre vin, apaise ta soif".

Ainsi ont-ils parlé dans la solitude de leur âme.

Mais si leur solitude avait été plus profonde, ils auraient deviné que je ne recherchais que le secret de votre joie et de votre souffrance,

Et que je ne pourchassais que votre moi le plus grand qui parcourt le ciel.


Mais le chasseur était aussi la proie ;

Car bien de mes flèches n'ont jailli de mon arc que pour se retourner contre ma poitrine.

Celui qui volait était également celui qui rampait ;

Car, bien que mes ailes fussent déployées dans le soleil, leur ombre portée sur la terre était tortue.

Et moi, l'homme de foi, j'étais également l'homme du doute ;

Car souvent j'ai dû mettre mon doigt dans ma propre blessure pour renforcer ma foi en vous et pour accroître la connaissance que j'ai de vous.

Et, par cette foi et par cette connaissance, je vous dis :

Vous n'êtes pas réduits aux limites de vos corps, ni confinés à vos maisons et vos champs.

Ce que vous êtes habite au-dessus de la montagne et vaque avec le vent.

Ce n'est pas chose qui rampe au soleil en quête de chaleur, ou creuse des trous dans le noir en quête de sécurité.

Mais c'est quelque chose de libre, esprit qui enveloppe le monde et se meut dans l'éther.

Si mes propos vous semblent imprécis, ne tentez pas de les rendre plus clairs.

Imprécise et nébuleuse est l'origine de toutes choses mais non leur fin,

Et puissiez-vous pour mon bonheur vous souvenir de moi comme d'un commencement.

La vie, et tout ce qui est vivant, est conçu dans la brume et non dans le cristal.

Et qui sait si le cristal n'est pas de la brume dégradée ?

Puissiez-vous, quand vous vous souviendrez de moi, vous rappeler ceci :

Ce qui paraît en vous le plus faible et le plus indécis est ce qu'il y a en vous de plus fort et de plus décidé.

N'est-ce pas votre souffle qui a dressé la charpente de vos os et qui lui a donné sa solidité ?

N'est-ce pas un rêve qu'aucun de vous ne se souvient d'avoir rêvé qui a bâti votre ville et façonné tout ce qui est en elle ?

Si seulement il vous était donné de voir le flux de votre souffle et son reflux, vous ne verriez plus que lui.

Et s'il vous était donné d'entendre le chuchotis de ce rêve, vous n'entendriez point d'autre bruit.

Mais vous ne voyez ni n'entendez, et cela est préférable.

Le voile qui couvre vos yeux ne peut être levé que par les mains qui l'ont tissé,

Et l'argile qui bouche vos oreilles ne peut être traversée que par les doigts qui l'ont pétrie.

Alors vous verrez.

Et alors vous entendrez.

Mais vous ne devez point vous affliger d'avoir connu la cécité, ni vous attrister de la surdité dont vous fûtes atteints.

Parce que, le jour venu, vous saisirez les intentions cachées en toute chose,

Et vous bénirez la ténèbre comme vous auriez béni la lumière.


Après qu'il eut parlé ainsi, il regarda autour de lui et il vit le pilote de son navire debout à la barre, considérant tantôt la voilure déployée, tantôt le large.

Et il dit :

Patient, trop patient, est le capitaine de mon navire.

Le vent souffle et les voiles claquent ;

Même le gouvernail demande qu'on s'en saisisse ;

Tandis que le capitaine de mon vaisseau attend calmement que j'aie fini de dire.

Et ceux-là, mes marins, qui ont écouté le chœur de la plus vaste mer, m'ont également écouté avec patience.

Désormais, ils n'attendront plus longtemps.

Je suis prêt.

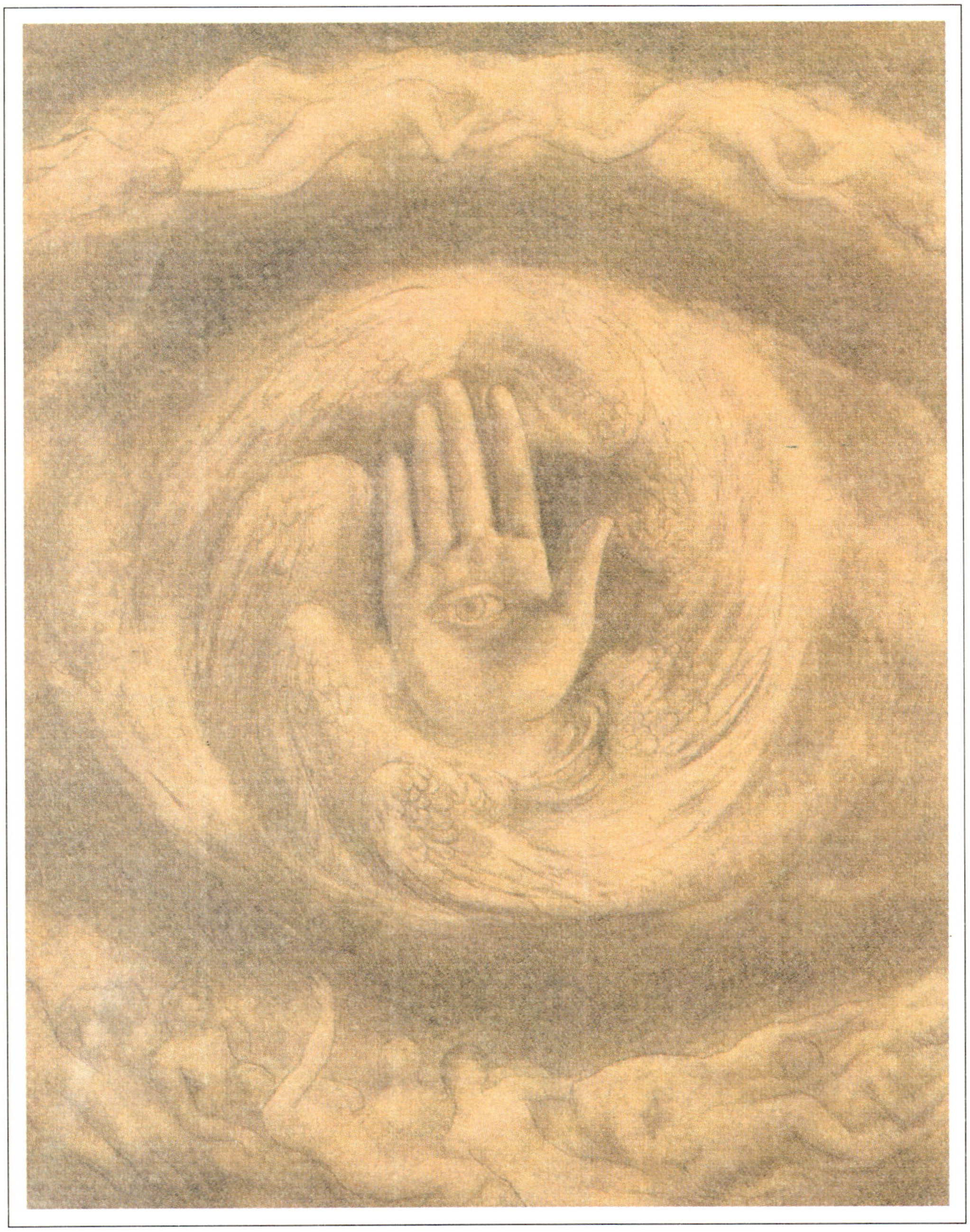

Le fleuve a rejoint la mer et à nouveau la grande mère étreint son enfant.

Adieu, gens d'Orphalèse,

Ce jour touche à sa fin.

Et voici qu'il se referme sur nous comme sur son lendemain le nénuphar.

Ce qui nous fut donné ici, nous le conserverons,

Et si cela s'avère insuffisant, nous nous rencontrerons à nouveau et ensemble nous tendrons nos mains au donateur.

N'oubliez pas que je reviendrai vers vous.

Rien qu'un petit laps de temps, et ma nostalgie va rassembler de la poussière et de l'écume pour un autre corps.

Rien qu'un petit laps de temps, après un instant de repos au-dessus du vent, et une autre femme m'enfantera.

À vous adieu et à ma jeunesse passée parmi vous.

Ce n'était rien qu'hier que nous nous sommes rencontrés dans un rêve.

Et vous m'avez dans ma solitude chanté, et moi, de votre nostalgie, j'ai dressé une tour dans le ciel.

Mais notre sommeil s'en est allé, et notre rêve a pris fin, et ce n'est plus l'aurore.

Midi sur nous s'est refermé, et notre demi-veille est devenue plein jour, et il faut que nous nous séparions.

S'il advient que nous nous rencontrions à nouveau au crépuscule de la mémoire, à nouveau nous nous parlerons, et vous me chanterez, vous, chant plus profond.

Et s'il advient à nos mains de se serrer dans un autre rêve, nous dresserons une autre tour dans le ciel.

Quand il eut dit cela, il fit signe aux matelots et aussitôt ils levèrent l'ancre et larguèrent les amarres et mirent le cap sur l'orient.

Et une clameur monta de la foule comme d'un seul cœur, et elle s'éleva jusqu'en l'obscur ponant, portée par la mer comme une grande sonnerie de trompette.

Al-Mitra seule se réfugia dans le silence, fixant la course du vaisseau jusqu'à ce qu'il se fût évanoui dans la brume.

Et lorsque la foule se dispersa, elle resta seule sur le rivage, ruminant en son cœur son dit :

"Rien qu'un petit laps de temps, après un instant de repos au-dessus du vent, et une autre femme m'enfantera."

# Khalil Gibran

## Une vie

*Portrait de Khalil Gibran,* par Fred Holland Day, photographie (Londres, The Royal Photographic Society).

**1883.** — Naissance de Gibran Khalil Gibran à Bécharré (Nord-Liban). Famille chrétienne traditionnelle de rite maronite. Son grand-père maternel est prêtre. Sa mère, Kamila Rahmé, veuve d'un premier mari dont elle a eu un fils, Boutros, joue un rôle essentiel dans la formation et l'imaginaire du poète. Son père, assez insignifiant semble-t-il, est propriétaire d'un troupeau : il élève et vend des moutons, et il administre quelques biens. Il est en outre chargé d'une mission de repérage du bétail par le governorat de Tripoli. L'enfant est baptisé dans l'une des églises du village.

**Jusqu'en 1894.** — Gibran K. Gibran poursuit ses études primaires, en arabe et en syriaque, à Bécharré.

**1893.** — Fondation à New York par l'émigré libanais Michael Rustom d'un journal de langue arabe, *L'Émigré*, auquel, plus tard, Gibran collaborera régulièrement.

**Fin 1895.** — Le père laissé sur place, la famille décide d'émigrer aux États-Unis. Gibran, sa mère, Kamila, son demi-frère, Boutros, et ses deux sœurs, Sultaneh et Mariana, s'établissent dans le quartier chinois de Boston, où la mère ouvre une modeste épicerie. L'enfant suit des études en anglais pendant trois ans. Il a la nostalgie du Liban.

**1896.** — Rencontre avec le photographe américain Fred Holland Day qui deviendra

**Cèdre du Mont-Liban sous la neige, la région-berceau de Khalil Gibran.**

*Portrait de Holland Day*, par Edward Steichen, photographié en 1906, (Londres, The Royal Photographic Society). L'éditeur et photographe anglais Fred Holland Day fut la première importante rencontre bostonienne de Gibran. Ce fut lui qui l'introduisit dans le milieu littéraire et mondain de la ville. Il lui apporta aussi une aide financière afin qu'il puisse, interrompant son séjour américain, terminer ses études à Beyrouth.

plus tard son premier soutien et son premier guide artistique.

Rencontre avec Josephine Peabody, la première femme écrivain d'une longue liste d'"accompagnatrices" de Gibran. Ce sera le début d'une profonde amitié, jamais démentie, Peabody apportant au poète, à divers moments de sa vie, surtout au début de son séjour américain, l'aide aussi bien matérielle que morale dont il pouvait avoir besoin.

**1898.** – Sur son insistance, sa mère consent à le renvoyer à Beyrouth où il poursuivra son éducation en arabe – et accessoirement en français – au célèbre collège de la Sagesse, jusqu'au baccalauréat. C'est de cette époque que datent ses premiers essais littéraires, tous détruits, dont peut-être la première version en langue arabe de ce qui sera *Le Prophète*. Études de droit international et d'histoire des religions. Première déception amoureuse.

Gibran fait preuve déjà d'une ambition illimitée qui inquiète ses maîtres, tout en les séduisant.

**1901.** – Voyages dans divers pays du Moyen-Orient, dont peut-être l'Égypte, séjours probables en Grèce et en Espagne, puis installation à Paris. Il conçoit, dès ce temps-là, son premier ouvrage d'importance *Les Âmes rebelles*, violente satire de la société libanaise de l'époque, qu'il estime "hypocrite", mal disposée à l'égard des femmes (Gibran sera toute sa vie un féministe convaincu), peu équilibrée et peu juste, économiquement parlant. Le livre – qui sera publié en 1908 (voir plus loin) – est sévèrement accueilli par l'Église qui le juge hérétique : il sera brûlé en place publique à Beyrouth par les autorités turques qui exercent leur domination sur tout le Proche-Orient arabe.

**1903.** – Gibran, qui suit les événements précités de loin, quitte précipitamment Paris pour se rendre à Boston, au chevet de sa mère malade.

*Beyrouth vers la fin du siècle*, par Bonfils, d'après *Les Souvenirs d'Orient*, photographie (Paris, Bibliothèque nationale de France). C'est au collège de la Sagesse de Beyrouth que Gibran terminera ses études.

Puis ce sera, coup sur coup, avant la mort de sa mère, le décès de son demi-frère, et celui de sa sœur Sultaneh. Dans l'état de prostration qui en résulte pour lui, il écrit, en anglais, la première version du *Prophète*, qu'il détruira ensuite.

**1904-1908.** – À une première exposition de ses peintures et dessins, organisée par Day à son propre domicile, Gibran rencontre celle qui sera, avant May Ziadé (voir plus loin), l'étoile la plus brillante de sa vie : Mary Elizabeth Haskell. Dans l'état de précarité économique qui est celle du poète et de sa sœur Mariana, celle-ci fait tout ce qui est en son pouvoir pour assurer à son frère une vie décente et lui permettre de s'accomplir artistiquement.

Découverte émerveillée, par Gibran, de Walt Whitman, de Friedrich Nietzsche et de quelques autres, dont Maurice Maeterlinck. Le jeune poète rédige, pour le périodique arabe de New York, *Al-Muhajir* (*L'Émigré*), dirigé par Amine Ghorayeb (voir plus haut), une chronique littéraire intitulée "Une larme et un sourire". Ses articles, plus tard rassemblés dans son ouvrage *Larme et sourire*, ensemble de notes critiques et de poèmes, révèlent une surprenante précocité intellectuelle et philosophique et témoignent du patient travail de l'auteur pour se constituer un style personnel, annonciateur du style du *Prophète*.

Publication d'un essai, *De la musique*, d'un ouvrage satirique intitulé *Araïs al-Mourouj* (*Les Nymphes des prairies*) : Gibran y attaque avec violence le fanatisme religieux, la discrimination

Marcel-Berroneau, *Orphée*, huile sur toile (Marseille, musée des Beaux-Arts). Lors de son séjour parisien, Gibran, tout en suivant les cours de l'académie Julian, fréquenta assidûment l'atelier de ce peintre, élève de Gustave Moreau, que certainement il choisit pour le caractère fortement visionnaire de sa peinture.

sociale et le népotisme politique, pratique courante au Liban et dans le monde arabe. Il est très violemment pris à partie par les critiques arabes et libanais qui lui reprochent ses prises de position politiques – contre la domination ottomane – et, sur le plan intellectuel et religieux, sa totale indépendance d'esprit.

**1908.** – Grâce à l'aide de Mary Haskell, Gibran retourne à Paris où il s'installe dans le quartier de Montparnasse et s'inscrit à l'académie des Beaux-Arts et à l'académie Julian. Rencontre d'Edmond Rostand, de Maeterlinck, de Debussy, etc. Admiration pour le poète Charles Guérin, qui diminuera considérablement par la suite : "La poésie française de la seconde moitié du XIXe siècle et des débuts du XXe siècle termine une manière d'écrire déjà ancienne au lieu d'en inaugurer une nouvelle... Guérin et ses compagnons n'ont pas quitté les sentiers de l'Europe d'avant-guerre. Bien qu'ils sentent la beauté de la vie, sa douleur et sa joie, ses apparences et ses mystères, ils sont le crépuscule d'une ère révolue plutôt que l'aube d'une époque neuve. À mon avis, les écrivains et poètes arabes contemporains sont dans une situation similaire, bien qu'à un autre niveau : ils demeurent, eux aussi, liés au passé et lui sont tout à fait soumis" (lettre du 28 janvier 1920 à May Ziadé).

**Eugène Carrière, *Portrait de Rodin dans son atelier à côté d'une sculpture*, huile sur toile (Paris, musée Rodin). Rodin encouragea grandement Gibran pour ses essais en peinture, le saluant, semble-t-il comme "un nouveau William Blake".**

Sur le plan artistique, Gibran – qui vient de retrouver à l'académie Julian son ancien condisciple du collège de la Sagesse, le sculpteur Youssef Houayeck, pour qui il conservera sa vie durant une vive amitié – admire particulièrement, outre Rodin et Blake, Léonard de Vinci, Delacroix – "le plus grand peintre français" –, Carrière et, surtout, Puvis de

**Pierre Puvis de Chavannes, *Homère ou la Poésie épique*, peinture murale (Massachusetts, Boston Museum of Fine Arts).**

Chavannes. Ce dernier exercera une forte influence sur son travail de dessinateur et de peintre. A-t-il fréquenté aussi l'atelier d'Auguste Rodin à qui il voue un véritable culte ? Il rencontre, grâce à Rodin vraisemblablement, l'œuvre de William Blake qui l'impressionnera beaucoup et nourrira son pessimisme latent. Sa peinture et ses dessins s'en ressentent. Il sera très marqué notamment par les *Livres prophétiques* de Blake dont il se souviendra sans doute en écrivant son propre *Prophète*. Rodin aurait dit de lui : "Ce jeune Libanais sera le William Blake du XX$^e$ siècle."

Publication en arabe aux éditions "Al-Mouhajir" de New-York d'un recueil de nouvelles, *Les Âmes rebelles*. La révolte de Gibran, pourtant déjà teintée de symbolisme, n'est pas encore totalement dégagée de l'empreinte réaliste de ses débuts.

***1910.*** – Retour à Boston, puis installation définitive à New York, au 51, 10$^{th}$ West Street. Il décide de se consacrer exclusivement à la littérature et à la peinture. Plusieurs expositions de ses œuvres sont présentées dans de petites galeries. Lecture et relecture fascinée de Whitman.

Mary Haskell refuse la proposition de mariage que lui fait Gibran (voir préface).

***1912.*** – Avec une pléiade d'écrivains syro-libanais,

*New York en 1910*, photographie de Stieglitz (Londres, The Royal Photographic Society).

émigrés comme lui aux États-Unis, il fonde La Chaîne d'or, première version – mais à coloration purement politique – d'*Al-Rabitah al-Kalamieh* (Le Cercle des hommes de Lettres) qu'il créera plus tard le 28 avril 1920 dans son appartement new-yorkais sur le modèle de la *Rabitah*, formée d'autres écrivains de même origine, à Sao Paulo au Brésil. Ce cénacle, constitué d'écrivains du *Mahjar* (L'Émigration), dont Gibran est élu président, groupe, entre autres, aux côtés du poète, certains écrivains majeurs de la littérature arabe moderne comme Amine Rihani et, plus tard, Mikhaël Noaïmé. Dans un article célèbre sur "La littérature des émigrés arabes en Amérique", publié en 1927, le grand orientaliste russe Ignace Kratchokovski, l'un des meilleurs connaisseurs du monde arabe, va jusqu'à écrire : "La plupart des œuvres d'importance capitale dans le monde arabe d'aujourd'hui ont été écrites ou connues en exil." Il précise que la contribution des émigrés d'Amérique peut être estimée à l'égal d'une révolution sur le plan des idées et des mœurs. "Des Arabes en Amérique, cela sonne étrangement, remarque-t-il, et même des gens d'une certaine culture auront tendance à froncer les sourcils avec incrédulité, si on leur parle d'une imprimerie arabe à Saõ Paulo, d'une société d'art dramatique arabe à Rio de Janeiro, d'une presse arabe à Chicago et d'un club littéraire arabe à New York." À propos du groupe de New York, l'orientaliste Jean Lecerf note de son côté : "Que l'on songe à l'épreuve quotidienne pour un penseur de traîner, pour ainsi dire à ses chausses, une colonie de compatriotes, avec le contingent normal de malveillance, d'incompréhension, de stupidité même et d'ingratitude que comporte presque nécessairement la vie d'un groupe social, et l'on ne s'étonnera guère que, sans exception, les hommes de lettres arabes du Nouveau Monde aient tous passé pour de dangereux révolutionnaires. On ne s'étonnera

**Khalil Gibran, *Étude de femme, le bras droit plié au-dessus de la tête et le bras gauche tendu*, dessin à la mine de plomb, plume et encre brune (Chapel Hill, University of North Carolina).**

pas davantage que certains le soient devenus véritablement à quelque degré, ainsi que ce fut le cas pour Gibran" (Jean Lecerf, "Gibran Khalil Gibran et les Origines de la prose poétique moderne", *Orient*, n° 3, juillet 1957).

À cette même époque, Gibran vit pratiquement à l'ombre et grâce à Mary Haskell, l'amie, l'aimée, la confidente, l'égérie, de qui la pré-

Khalil Gibran, *Étude de têtes pour le portrait de Mary Haskell,* 1925, dessin à la mine de plomb (Bécharré, musée Gibran), l'égérie bien-aimée qui soutint Gibran durant toute sa vie. Si le poète libanais ne fut pas seul à jouir des bienfaits de cette femme décidée et généreuse, il fut certainement le plus exceptionnel de ses protégés.

sence et l'aide généreuse, mêlées à une admiration sans borne, seront pour lui déterminantes. Beaucoup de renseignements sur la personnalité du poète nous sont fournis par le *Journal* que Mary ne cessera de tenir et d'enrichir. (Voir Virginia Hiler, *Beloved Prophet : the love letters of Khalil Gibran and Mary Haskell and her private journal*, New York, A. Knopf, 1972.) Plus tard, il aura une relation du même genre, quoique moins décisive, avec Barbara Young, qui s'instituera sa biographe (voir Barbara Young, *This man from Lebanon : a study of K. Gibran*, New York, A. Knopf, 1931).

Publication, en langue arabe à New York (éditions "Mirat'el-Gharb"), du roman le plus célèbre de Gibran *Les Ailes brisées*, ouvrage révolutionnaire, en partie autobiographique, dans lequel l'écrivain prône à nouveau l'émancipation de la femme orientale et le droit pour elle de choisir en toute indépendance l'homme de sa vie. L'ouvrage, bien évidemment, sera violemment attaqué par les traditionalistes libanais et arabes.

Première lettre de May Ziadé à Gibran. May Ziadé (1886-1941), jeune intellectuelle admirablement douée, de père libanais et de mère syrienne, habitait Le Caire. Comme Gibran, elle refuse la domination ottomane et soutient les appels à la révolte du poète. Celle que Gibran ne rencontrera jamais entretiendra avec lui jusqu'à sa mort une correspondance suivie, dont un certain nombre de lettres nous sont parvenues (voir à ce sujet, Gibran K. Gibran, *La Voix ailée, lettres à May Ziadé*, traduites de l'arabe et présentées par Salma Haffar Al-Kouzbari et Suheil B. Boushrui, Éditions Sindbab, 1982). Cette correspondance concernait tous les aspects de la vie des deux épistoliers, bientôt liés par un fort sentiment de complicité intellectuelle tournant à l'attachement amoureux. Salma Al-Kouzbari et Suheil B. Boushrui écrivent, toutefois, à ce propos, en préface à l'ouvrage précité : "Cette liaison ne fut pas sans heurts. Les malentendus, les accrocs, les tiraillements, les tensions ne manquaient pas. N'est-ce pas là le propre de la dialectique amoureuse qui va de la joie à la souffrance, de l'harmonie au conflit, du bord de la rupture à la réconciliation ? Cependant, le sentiment de Gibran devint à la fin profondément imprégné de paternalisme et de tendresse. Cette dernière évolution est peut-être due à l'excessive prudence de May.

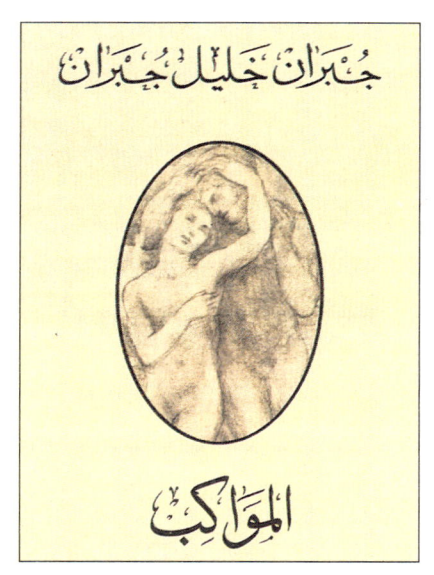

**Fac-similé du frontispice des *Processions* de Khalil Gibran.**

En évoquant la valeur de ces lettres, nous ne devons pas oublier de signaler les merveilleux dessins que Gibran traçait soit à la fin du texte, soit en marge. Cela en relation avec son opinion sur les grands peintres occidentaux et les allusions aux expositions d'art qu'il visitait." C'est ainsi qu'on apprend le goût de Gibran pour la sculpture archaïque grecque, pour l'égyptienne et surtout pour la mésopotamienne – pour la sculpture gothique aussi, et celle de Michel-Ange. On apprend également que Gibran avait une grande passion pour l'opéra, mais qu'il préférait de loin la musique d'orchestre et la musique de chambre (symphonies, sonates et cantates), tout en ayant une véritable dévotion pour la musique traditionnelle, arabe et persane, à laquelle il projette de consacrer un vaste ouvrage, qu'il n'écrira jamais.

*1913.* – Publication à New York de la revue *Les Arts*, par Nassib Arida (1887-1945), poète et écrivain d'origine

**Khalil Gibran, *Autoportrait avec figure féminine agenouillée*, dessin à la mine de plomb (Chapel Hill, University of North Carolina).**

> Friday May 26, 1916
>
> Beloved Mary. My people, the people of Mount Lebanon, are perishing through a famine which has been planned by the Turkish government. 80,000 already died. Thousands are dying every day. The same things that happened in Armenia are happening in Syria. Mt. Lebanon, being a Christian country, is suffering the most.
>
> You can imagine, Mary, what I am going through just now. I can not sleep nor eat nor rest. All the Syrians here are being tortured in the same way. We are trying to do our best. We must save those who are still alive. Oh, Mary, it is too much to bear, too much. Pray for us, beloved Mary; help us with your thoughts.
>
> Love from suffering Kahlil

**Lettre de Gibran à Mary Haskell du 26 mai 1916 (Chapel Hill, University of North Carolina).**

syrienne, l'un des fondateurs, avec Gibran, de la *Rabitah al-Kalamieh* : "C'est, écrit Gibran, la meilleure revue du genre dans le monde arabe." Il y publiera des aphorismes, plus tard regroupés dans *Sable et écume*, recueil de pensées éparses et de poèmes en prose nés de l'instant. *Les Arts* publiera, d'autre part, des inédits d'Amine Rihani, écrivain et philosophe libanais de langue arabe (1876-1940) qui participera activement au mouvement littéraire de New York, et qui est l'auteur de livres célèbres : *Les Rois des Arabes, Le Cœur du Liban, Lumière de l'Andalousie, A chant of mystics* (ce dernier ouvrage en anglais). Gibran aura toujours beaucoup d'admiration pour les œuvres de Rihani et particulièrement pour la qualité de sa prose, nourrie aux plus pures sources classiques, prose qu'il saura, quant à lui, faire évoluer vers plus de liberté, de musicalité et de couleur. Parlant de Rihani et de Gibran, Jean Lecerf, dans l'article déjà cité sur "Les Origines de la prose poétique moderne", note fort justement : "Gibran, [...] Amine Rihani et quelques autres ont été des écrivains appréciés en langue anglaise. Ce n'est pas une explication suffisante de dire qu'ils étaient des écrivains nés [...] Car pour avoir été des écrivains de langue anglaise, il leur a fallu conquérir un public, avec tout ce que cela suppose d'adaptation, d'assimilation et pourtant de personnalité, pour que les lecteurs aient trouvé quelque chose à goûter dans leurs écrits et quelque résonance originale. Dans le cas de Gibran, on se trouve aux prises avec une histoire encore plus curieuse. Lorsqu'on le retrouve devenu directeur de conscience et en quelque sorte prophète au milieu d'un petit groupe non négligeable d'admirateurs en langue anglaise, qu'il exhorte à une philosophie mystique [...] et idéaliste, on a quelque droit de concevoir des doutes sur la profondeur de l'influence des idées de Nietzsche sur sa propre pensée. Et pourtant cette influence est incontestable."

**1914.** – Parution de *Larme et sourire*, recueil de ses chroniques littéraires publiées dans *L'Émigré*, entre 1905 et 1908 (voir plus haut). Mikhaël Noaïmé, autre figure considérable de la littérature du *Mahjar*, assure, dans l'introduction aux *Œuvres complètes* de l'écrivain, publiées en 1949, que celui-ci fut, dès ces chroniques, l'un des initiateurs en langue arabe du poème en prose. La querelle du poème en prose en opposition avec le poème versifié, et de la primauté inventive de l'un des deux genres sur l'autre, continue curieusement de préoccuper, de nos jours encore, beaucoup de novateurs dans le monde arabe. Toutefois, lors de sa parution, *Larme et sourire* passe inaperçu du public cultivé. Ce qui ne l'empêchera pas, par la suite, d'exercer une grande influence, notamment stylistique, sur bien des jeunes écrivains. À May Ziadé, avec l'envoi tardif du livre, Gibran donnera la précision intéressante que voici (lettre du 28 janvier 1920) : "Entre enfance et adolescence, bien avant *Larme et sourire*, j'ai composé de copieux volumes ; mais je n'ai pas commis le crime de les publier et ne le ferai pas."

L'inscription de May Ziadé à l'université du Caire provoque une levée de boucliers dans tous les milieux, notamment masculins : elle est, en effet, la première femme du monde arabe à prétendre accéder aux études supérieures. Évoquant cet épisode, Mohammed Abdel-Ghani Hassan, dans son livre sur *May, femme de lettres de l'Orient et de l'arabité* (Le Caire, 1942), écrit : "À partir de ce moment-là, May s'imposa un visage sévère lorsqu'elle devint la première jeune fille arabe à faire son entrée à

**Fac-similé d'une lettre de Gibran en arabe à l'éditeur de son livre *Les Tempêtes*.**

**Frontispice de la première édition du *Prophète,* édité par Knopf à New York (Chapel Hill, University of North Carolina); dès sa parution le livre de Gibran connaîtra un succès croissant et ininterrompu.**

l'université égyptienne et, aussi bien, lorsqu'elle commença à organiser chez elle des réunions littéraires qui, très vite, deviendront célèbres. Son salon littéraire brillera d'un grand éclat. Excellente journaliste, conférencière en langue arabe et en langue française, son idolâtrie pour Gibran – le mot n'est pas trop fort –, qui durera vingt ans, l'amènera à refuser toutes les propositions de mariage qui lui seront faites. Elle aura toute sa vie l'idée la plus haute de l'amour et la plus platonicienne qui soit : "Sois grand, écrit-elle dans son ouvrage *Ténèbres et rayons,* paru tardivement à Beyrouth en 1952, afin que tu sois toi-même l'élu du grand amour sinon ta part de l'amour se nourrira de poussière et se commettra avec la boue..."

**1916.** – Alors que la Première Guerre mondiale fait rage, le poète lance une vaste collecte de dons pour venir en aide à ses compatriotes très fortement éprouvés par la misère et la famine. "Mon peuple est mort", écrit Gibran dans l'un de ses textes les plus pathétiques. Première rencontre avec Mikhaël Noaïmé.

**1918.** – Parution du premier livre de Gibran écrit directement en anglais : *The Madman* (*Le Fou*), illustré de trois dessins de l'auteur. L'éditeur en est le célèbre Alfred Knopf qui prend à sa charge tous les frais. On note qu'à partir de cette date, le poète écrira tantôt en anglais, tantôt en arabe, mais ne se traduira jamais lui-même, laissant ce soin à d'autres. "Il se peut, écrit Gibran à ce propos, que l'enthousiasme exprimé par les amateurs occidentaux à la lecture du *Fou* et de ses hallucinations résulte de l'anxiété qu'ils ressentent eux-mêmes face à leurs propres illusions, ainsi d'ailleurs que du ton « exotique » d'un livre issu d'une inspiration orientale."

**1919.** – Publication, en langue arabe, d'*Al-Mawakeb* (*Les Cortèges*), recueil de poésie publié aux éditions "Mir'at al-Gharb" de New York et illustré de plusieurs dessins de l'auteur. May Ziadé fera de ce livre un compte rendu enthousiaste dans la presse du Caire. En langue arabe également, parution d'un choix d'articles, d'études et de réflexions poétiques sous le titre d'*Al-Awassef* (*Les Tempêtes*) aux éditions "Darel-Hilâl" du Caire. À partir de ce moment, bien des ouvrages de Gibran en langue arabe paraîtront chez des éditeurs égyptiens. Il faut noter à propos d'*Al-Awassef* que le poète éprouvait une sorte de fascination pour les éléments déchaînés. À huit ans, racontent ses biographes, lors d'un violent orage, il trompe la surveillance maternelle, ouvre la porte de la maison et se met à courir. À sa mère qui le rattrape et le gronde, il crie : "Mais, maman, le vent, ah ! que j'aime ça !"

Publication à New York de dessins de Gibran sous le titre : *Twenty Drawings*, avec une préface d'Alice Raphaël : "Dessins, commente Gibran avec un imperceptible regret, dépourvus des fracas de la rébellion et de l'insurrection."

Publication, dans le grand journal américain *The Evening Post*, d'un long article signé Joseph Collomb et intitulé : "An Arabian Poet in New York : the spleen-walker". Gibran y est mis en parallèle avec Rabindranath Tagore.

Gibran participe, en novembre de cette même année, à une grande exposition new-yorkaise groupant des artistes américains et étrangers.

Le 2 décembre : grande soirée littéraire autour du poète donnée par le Club Mac Dowell de New York. Prenant la parole, Gibran fait montre d'une philosophie foncièrement pessimiste.

**Notes du 16 juin 1923, d'après le journal de Mary Haskell (Chapel Hill, University of North Carolina). Dans ces pages émues de son journal, Mary Haskell salue la naissance du *Prophète* avec les accents d'une exaltation nouvelle. Elle y prédit à son protégé la gloire réservée aux grands par l'histoire.**

Dans le même temps, il rêve de publier un nouvel album de ses dessins allégoriques sous le titre *Vers Dieu* ou *Vers l'Infini*. "Quant à mon livre *Vers Dieu*, écrit-il, il demeure dans l'atelier nébuleux ; ses plus belles esquisses s'éclipsent face à la lune" (lettre du 3 décembre). Époque d'intense travail et d'immense fatigue.

Publication par May Ziadé, au Caire, d'une biographie de la femme de lettres égyptienne Malak Hifni Nassif, écrivain "engagé", réformatrice qui signe ses livres du pseudonyme de Bâhithat al-Bâdia. Gibran aime le livre mais trouve que Malak Hifni Nassif n'a pas été assez loin dans son combat libérateur : "[Elle] n'a pas échappé à son milieu physique ni ne s'est débarrassée des liens de nature nationale et sociale."

***1920.*** – Fondation à New York de la *Rabitah al Kalamieh* (voir plus haut) ainsi présentée par Jean-Pierre Dahdah dans sa biographie du poète, parue chez Albin Michel en 1994 : "Cette académie des belles-lettres

**Léonard de Vinci (attribué à),** *Tête de Rédempteur* **(Milan, Pinacoteca di Brera).**

arabes sera la mère de celles d'Alep, du Caire, de Damas, de Beyrouth et de Tripoli. Sa devise fut : "Foi, Amour et Labeur". Gibran en fut le *amid* (doyen), Mikhaël Nouaïmé le conseiller et William Catzeflis le trésorier. Les autres membres furent : Nassib Arida, propriétaire d'*Al-Founoun* (*Les Arts*), Abd al-Massih Haddad, propriétaire d'*al-Sai'd*, Nadrah Haddad, Rachid Ayoub, Elias Atallah, Ilya Abou Madi et Wadi' Bahout. Quant à Amine Rihani, il n'en fut membre que pour une courte durée."

***1921.*** – Gibran acquiert un télescope : il passe beaucoup de temps à observer le ciel : "Chaque nuit je passe une ou deux heures à contempler l'infini" (lettre du 6 avril).

Il est obligé d'interrompre toute activité pour cause d'asthénie profonde et s'alite des semaines entières. Le médecin diagnostique : "Dépression nerveuse due au surmenage et au manque de nourriture. Désordre général du système nerveux.

Palpitations irréversibles. Battements du pouls : 115/minute, la normale étant de 80." Gibran commente (lettre du 21 mai) : "[...] Depuis deux ans, j'ai poussé mon corps au-delà de ses capacités. Je peignais tant que durait le jour. J'écrivais jusqu'au matin. Je faisais des conférences et me mêlais à toutes sortes de gens. Cette dernière pratique est plus épuisante que de fixer le soleil. À table, je ne faisais que parler et écouter jusqu'à ce qu'on servît le café, qui se trouvait être, en fait, ma seule alimentation." Le poète part pour Boston, afin d'y retrouver sa sœur Mariana. Il a, dans sa valise, le manuscrit du *Prophète*, prêt pour la publication.

**1922.** – Une paralysie de la main droite empêche Gibran d'écrire. Il forme le projet de rentrer au Liban, mais bien vite il y renonce : "[...] J'ai trouvé plus facile d'être étranger parmi les étrangers qu'exilé dans mon propre pays." Pour le poète, le Liban, dont la France vient d'obtenir de la Société des Nations la gestion mandataire, devrait être un état laïc faisant partie d'un vaste ensemble englobant la Syrie, la Jordanie et la Palestine et peut-être même l'Arménie. Il s'était plusieurs mois auparavant, dans un article retentissant reproduit dans des journaux de New York, de Beyrouth et du Caire, désolidarisé du Liban des religieux et des politiques : "Vous avez votre Liban avec son ambiguïté et j'ai le mien avec sa beauté..." (voir préface).

**1923.** – Nouveau séjour à Boston, pèlerinage aux lieux de sa jeunesse et visite des musées.

Publication de *The Prophet* (*Le Prophète*), qui obtient immédiatement une grande notoriété avec mille cinq cents exemplaires vendus dès le premier mois. Assez vite, une vingtaine d'éditeurs de toutes nationalités achèteront les droits de traduction (aujourd'hui, le livre est publié dans près de quarante langues). Le poète n'a plus de soucis matériels mais se porte de plus en plus mal.

**1925.** – Gibran est victime de l'épidémie de grippe espagnole. Il rêve de retourner au Liban. Il lit et relit beaucoup : Keats, Shelley, Blake, etc.

Rencontre avec Barbara Young qui sera le dernier attachement de sa vie, sa collaboratrice et sa confidente, avant de devenir, après sa mort, sa principale biographe (voir plus haut).

**1926.** – Publication de *Sand and Foam* (*Sable et écume*), recueil de trois cent vingt-deux maximes, notées tout au long des dernières années de sa vie, concernant tous les sujets qui préoccupent le poète, et que Gibran se décide enfin à réunir sur l'insistance de Barbara Young. À celle-ci, qui mettait le meilleur d'elle-même à le persuader de la nécessité de publier cet ouvrage, écrit au hasard des jours, des heures et des supports : "Il y a là, objecte-t-il, trop de sable et trop d'écume", d'où le titre. En préface à l'édition arabe de l'ouvrage, Gibran écrit : "Ce petit livre n'est qu'une poignée de sable et une autre

Fac-similé d'une photographie représentant Gibran à la fin de sa vie.

d'écume. Bien que dans ses grains de sable j'aurai semé les grains de mon cœur et que dans son écume j'aurai versé l'essence de mon âme, ce recueil est et restera éternellement plus près du rivage que de la mer..."

**1928.** – Publication de *Jesus, the Son of Man* (*Jésus, Fils de l'Homme*), en qui se mêlent lyrisme et rationalisme, Gibran refusant de voir en Jésus autre chose qu'un homme parfait et un sublime inspiré. Le poète, qui se sent proche de la mort, veut retourner aux sources d'un christianisme non encore institutionnalisé. C'est lui-même qui illustre l'ouvrage.

**26 décembre 1930.** – Dernier message à May, sous forme d'un télégramme de vœux : "Étais absent. Bien reçu charmante et douce lettre. Ne peux écrire. Main malade. Message d'affection et de vœux pour un Noël heureux et un Nouvel An harmonieux. Gibran."

**1931.** – Publication, fin mars, de *The Earth Gods* (*Les Dieux de la terre*), recueil d'aphorismes et d'allégories.

Quelques jours plus tard, Gibran est admis à l'hôpital Saint-Vincent de New York : il y rend le dernier soupir le 10 avril. Selon ses vœux, ses cendres sont transportées au Liban et déposées dans le monastère érémitique de Mar-Sarkis, dans la vallée de la Kadisha, non loin de son village natal, Bécharré.

**1933.** – Publication posthume d'un ouvrage inachevé et qui devait continuer et compléter *Le Prophète* : *The Garden of the Prophet* (*Le Jardin du Prophète*).

**1935.** – May Ziadé, désespérée, s'installe au Liban. Bientôt internée à l'hôpital psychiatrique d'Asfourieh, elle retournera au Caire en 1936 et mourra à l'hôpital de Maâdi, le 19 octobre 1941.

# Orientations bibliographiques

**Œuvres de Gibran en langue anglaise**

1918 : Kahlil Gibran, *The Madman*, (*Le Fou*), New York, éd. Alfred Knopf.

1919 : Kahlil Gibran, *Twenty Drawings*, (*Vingt Dessins*), préfacé par Alice Raphaël Eckstein, New York, éd. Alfred Knopf.

1920 : Kahlil Gibran, *The Forerunner*, (*Le Précurseur*), New York, éd. Alfred Knopf.

1923 : Kahlil Gibran, *The Prophet*, (*Le Prophète*), New York, éd. Alfred Knopf.

1926 : Kahlil Gibran, *Sand and Foam*, (*Sable et écume*), New York, éd. Alfred Knopf.

1928 : Kahlil Gibran, *Jesus, the Son of Man*, (*Jésus, Fils de l'Homme*), New York, éd. Alfred Knopf.

1931 : Kahlil Gibran, *The Earth Gods*, (*Les Dieux de la terre*), New York, éd. Alfred Knopf.

1932 : Kahlil Gibran, *The Wanderer*, (*L'Errant*), New York, éd. Alfred Knopf.

1933 : Kahlil Gibran, *The Garden of the Prophet*, (*Le Jardin du Prophète*), rassemblé par Barbara Young, New York, éd. Alfred Knopf (posthume).

1973 : Kahlil Gibran, *Lazarus and his Beloved*, (*Lazare et sa bien-aimée*), préfacé par Jean et Kahlil Gibran, Greenwich Connecticut, éd. New York Graphic Society (posthume).

1985 : *The Treasured Writings of Kahlil Gibran*, New York, éd. Castle Books.

**Œuvres de Gibran en langue arabe**

On peut se référer aux *Œuvres complètes*, 2 volumes, éd. Dar Sader, 1959, regroupant les livres écrits en arabe et ceux qui, écrits initialement en anglais, ont été traduits en arabe.

1905 : Gibran Khalil Gibran, *Al-Mousiqa*, (*La Musique*), New York, éd. al-Mouhajir.

1906 : Gibran Khalil Gibran, *'Ara'is al-Mourouj*, (*Les Nymphes des vallées*), New York, éd. al-Mouhajir.

1908 : Gibran Khalil Gibran, *Al-'Arwah al-moutamarrida*, (*Les Âmes rebelles*), New York, éd. al-Mouhajir.

1912 : Gibran Khalil Gibran, *Al-'Ajniha al-moutakassira*, (*Les Ailes brisées*), New York, éd. Mir'at al-Gharb.

1914 : Gibran Khalil Gibran, *Dam'a wa Ibtisama*, (*Larme et sourire*), New York, éd. Atlantic.

1919 : Gibran Khalil Gibran, *Al-Mawakib*, (*Les Processions*), New York, éd. Mir'at al-Gharb.

1920 : Gibran Khalil Gibran, *Al-'Awasif*, (*Les Tempêtes*), Le Caire, éd. al-Hilal.

1923 : Gibran Khalil Gibran, *Al-Bada'i wa-l-Tara'if*, (*Merveilles et curiosités*), Le Caire, éd. Youssef al-Boustani / al-Matba'a al-'asriya.

1927 : Gibran Khalil Gibran, *Kalimât Gibran*, anthologie réalisée par Antonios Bachir, Le Caire, éd. Youssef al-Boustani al-Matba'a al-'asriya.

**Autour de Gibran**

On peut consulter utilement sur Gibran quelques-une des titres suivants :

Tawfik Sayegh, *Lumières nouvelles sur Gibran*, Beyrouth, 1966 (en arabe).

Barbara Young, *This Man from Lebanon - a study of Kahlil Gibran* (1re édition : New York, Syrian American Press, 1931), puis New York, éd. Knopf, 1944.

Mikhaïl Noaïmé, *Gibran Khalil Gibran, a biography*, traduit de l'arabe, New York, éd. The Philosophical Library, 1950 et le même livre traduit en français, dès 1934, *Gibran Khalil Gibran, sa vie et son œuvre*, Beyrouth, éd. Naufal.

Virginia Hilu, *Beloved Prophet, The Love Letters of Kahlil Gibran and Mary Haskell*, New York, éd. Knopf, 1972. Les lettres à Mary Ziadé, traduites de l'arabe et présentées par Salma Haffar al-Kouzbari et Suheil B. Boushrui ont paru aux éditions Sindbad, sous le titre *La Voix ailée* en 1982.

Khalil S. Hawi, *Kahlil Gibran, his background, character and works*, Beyrouth, 1972, Londres, 1982.

J. and K. Gibran, *Kahlil Gibran, his life and work*, New York, éd. New York Graphic Society, 1974.

Antoine Ghattas Karam, *La Vie et l'Œuvre de Gibran*, éd. Dar al-Nahar, 1982 (en français).

"Khalil Gibran, poète de la sagesse", n° 83 de la revue *Question de*, Paris, éd. Albin Michel, 1990 (en français).

Jean-Pierre Dahdah, *Khalil Gibran, une biographie*, Paris, éd. Albin Michel, 1994.

OBSERVATION : *Gibran en anglais avait choisi d'orthographier son prénom Kahlil et de supprimer son premier prénom Gibran. En français, pour des raisons d'euphonie, le prénom a toujours été orthographié Khalil par l'ensemble des traducteurs et, à l'imitation de l'arabe, on a rétabli généralement le nom complet : Gibran Khalil Gibran. Il arrive aussi que le premier prénom et le nom du poète soient orthographiés Gébrane.*

## Crédits photographiques

Wilson Library University of North Carolina, Chapell Hill, The Minis Family Papers•2725 dans le Southern Historical Collection : p. 1, 2, 3, 5, 6, 127, 129 b, 130, 132, 133, 141, 142, 143. Avec l'aimable autorisation de la Gibran Foundation, Boston, Massachusetts.

Bibliothèque Nationale des France (département des arts graphiques) : p. 10, 11, 14, 17, 18, 19, 41, 124 h.

The Royal Photographic Society, Picture Library : p. 13, 121, 123, 126 b.

Musée Condé de Chantilly, cliché Giraudon : p. 28.

British Museum (Londres), cliché Bridgeman-Giraudon : p. 38.

National Gallery (Londres), cliché Giraudon : p. 42.

Pinacoteca di Brera (Milan), cliché Giraudon : p. 136.

Boston Public Library, Massachusetts : p. 30, 31, 33.

Musée Rodin (Paris) : p. 36, 125.

Agence Roger-Viollet : p. 122.

Musée des Beaux-Arts (Marseille) : p. 124 b.

Museum of Fine Arts (Boston) : p. 126.

Musée Gibran (Bécharré) : p. 128.

Collections particulières : p. 21, 24, 25.

Khalil Gibran, *Étude de femme embrassant une sphère*, dessin à la mine de plomb (Chapel Hill, University of North Carolina).

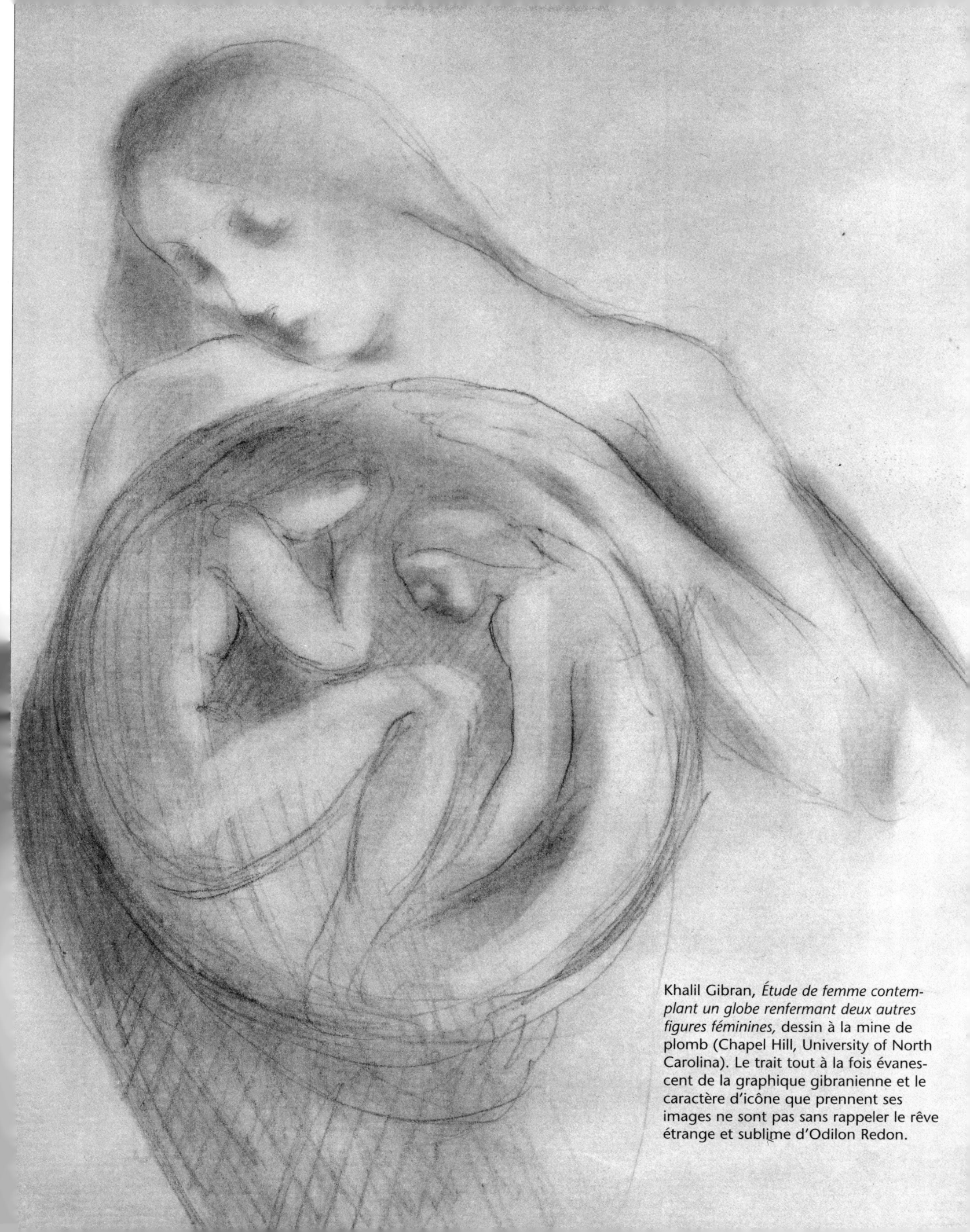

Khalil Gibran, *Étude de femme contemplant un globe renfermant deux autres figures féminines*, dessin à la mine de plomb (Chapel Hill, University of North Carolina). Le trait tout à la fois évanescent de la graphique gibranienne et le caractère d'icône que prennent ses images ne sont pas sans rappeler le rêve étrange et sublime d'Odilon Redon.

Khalil Gibran, *Étude d'homme avec barbe embrassant plusieurs personnages agenouillés à ses pieds (un Christ de la Miséricorde?)*, dessin à la mine de plomb (Chapel Hill, University of North Carolina).

Achevé d'imprimer en septembre 1998 par Milanostampa (Italie).
Dépôt légal D/1998/ 8176/37.